청담동
단골 국찌개

청담동 정선생의 핫한 국·찌개·탕·전골
청담동 단골 국찌개

1판 7쇄 발행 2023년 1월 10일

지은이 정미경
펴낸이 김선숙, 이돈희
펴낸곳 그리고책

주소 서울시 서대문구 연희로 192 이밥차빌딩 4층
대표전화 02-717-5486~7
팩스 02-717-5427
출판등록 2003년 4월 4일 제 10-2621호

본부장 이정순
편집책임 박은식
편집진행 홍상현, 권새미
영업마케팅 이교준, 양승은
경영지원 원희주

사진 율스튜디오 박형주(02-545-9908)
푸드스타일링 김정아
교열 김혜정
디자인 공간42 이용석
ISBN 978-89-97686-86-5 13590

ⓒ 2023 정미경
· All rights reserved. First edition Printed 2017. Printed in Korea.
· 이 책을 무단 복사, 복제, 전재하는 것은 저작권법에 저촉됩니다.
· 값은 뒤표지에 있습니다. 잘못 만들어진 책은 바꾸어 드립니다.
· 책 내용 중 궁금한 사항이 있으시면 그리고책(Tel 02-717-5487, 이메일 tiz@2bc.co.kr)으로 문의해 주십시오.

청담동 정선생의 핫한 **국·찌개·탕·전골**

청담동 단골 국찌개

글·요리 **정미경**

그리고책
andbooks

prologue

앞서 출간한 책 〈청담동 단골반찬〉이 증쇄를 거듭하여 출간되고 있다는 소식을 들었습니다.
모두 독자님들의 사랑 덕분이라 생각합니다.
정성을 다해 만든 책을 알아주셨기에 더없이 행복합니다. 많은 독자 여러분께 진심으로 감사드립니다.

〈청담동 단골반찬〉을 출간한 후 그리고책 김선숙 대표로부터 문득 국물요리에 관한 책을 만들어보자는 제안을 받았습니다. 저 역시 130여 가지의 맛깔 나는 반찬들을 소개했으니, 이번엔 이와 잘 어울리는 국물요리를 소개하는 게 좋겠다는 생각이 들더라고요. 아무리 밥상을 밥과 반찬으로 푸짐하게 차려도 국물요리 하나 없으면 왠지 허전한 느낌이 드니까요.
그래서 〈청담동 단골 국찌개〉를 준비했습니다. 우리 밥상에 가장 많이 오르는 국, 찌개, 탕, 전골의 메뉴 리스트를 먼저 만들고, 이를 따라 레시피를 찬찬히 다시 정리했습니다. 30년간 요리연구가로 일하며 보완하고 다듬은 레시피를 엄선했죠. 물론 청담동 SSG푸드마켓의 '정미경의 사계절반찬' 매장에서 가장 많이 팔리는 국물요리 메뉴도 챙겨 넣었고요.

무엇보다 요리책의 가장 큰 덕목은 실용성이라고 생각합니다. 따라서 만들기 번거롭거나 구하기 힘든 재료를 이용한 요리는 과감히 뺐습니다. 하지만 시간이 좀 걸리더라도 여러분께 꼭 알려드리고 싶은 국물요리는 챙겨 넣었습니다. 최대한 복잡하지 않은 재료로, 이해하기 쉽게, 그대로 따라 하기만

하면 맛있는 국과 찌개가 만들어질 수 있도록 심혈을 기울여 정리했습니다. 독자의 입장에서 여러 번 직접 만들어보는 수고도 마다하지 않았고요, 요리를 하며 간과하기 쉬운 부분들이나 중요한 포인트 역시 하나하나 체크해가며 말풍선으로 정리해서 넣었습니다. 만드는 순서대로 중요한 과정은 놓치지 않고 모두 촬영해 실었으니 틈틈이 과정컷을 참고해 만들어보는 것을 추천합니다.

언제나 책을 만드는 작업은 어렵고도 어렵습니다. 기획을 하고, 레시피를 정리하고, 원고를 쓰는 작업을 마쳤다고 해도 요리와 스타일링, 사진 그리고 편집과 교열, 또 인쇄와 제본까지. 너무나 많은 사람들의 손을 거쳐야만 하니까요. 〈청담동 단골반찬〉과 마찬가지로 많은 사람들의 정성과 마음을 담아 만들어진 이 책이 여러분에게 두고두고 사랑받을 수 있기를 진심으로 바랍니다.

언제나 깊이 신뢰하는, 그 자체만으로도 큰 힘이 되는 그리고책의 김선숙 대표님, 말하지 않아도 내 마음을 헤아려주고 챙겨주는 은주, 더없이 꼼꼼하고 매끄럽게 책을 완성시켜준 심형희 팀장, 이제는 눈빛만으로도 통하는 박형주 포토그래퍼와 김정아 스타일리스트, 그리고 믿음직스러운 이밥차 요리연구소의 문경과 단비, 그리고 마지막으로 나에게 요리의 즐거움과 행복함을 알게 해주신 첫 번째 요리 스승인 우리 엄마, 언제나 저의 삶과 존재의 이유가 되어주는 가족에게 깊은 감사와 사랑의 마음을 전합니다.

정미경

PART 01 — 맑고 깊은 국물요리 만들기

- 육수 재료 고르기 · 12
- 기본 육수 만들기 · 14
- 국물요리 초보들의 단골 Q&A · 18
- 밥숟가락으로 계량하기 · 20

PART 02 — 매일매일 빠질 수 없는 국

한 가지 재료로 만들어요

- 배추된장국 · 24
- 근대된장국 · 26
- 냉이된장국 · 28
- 상추된장국 · 30
- 일식 두부된장국 · 31
- 콩나물국 · 32
- 미역국 · 34
- 감잣국 · 36
- 도토리묵국 · 38
- 갈칫국 · 40
- 북엇국 · 42
- 모시조개맑은국 · 44
- 가지국 · 46
- 가지냉국 · 48
- 김냉국 · 49
- 오이지냉국 · 50

contents

두 가지 재료로 만들어요

바지락시금치된장국 · **52**

건새우아욱국 · **54**

콩나물뭇국 · **56**

콩나물김칫국 · **58**

전주식 콩나물국 · **60**

봄동콩나물국 · **62**

모시조개콩나물국 · **64**

방울토마토모시조개국 · **66**

매생이굴국 · **68**

달걀김국 · **70**

도다리쑥국 · **72**

홍합미역국 · **74**

들깨미역국 · **76**

황태들깨미역국 · **78**

쇠고기미역국 · **80**

오징어뭇국 · **82**

쇠고기뭇국 · **84**

매운쇠고기뭇국 · **86**

쇠고기얼갈이배춧국 · **88**

사골곰국 · **90**

우거지해장국 · **92**

미역오이냉국 · **94**

토마토오이냉국 · **96**

PART 03

보글보글 밥맛 살리는 찌개

- 멸치김치찌개 · **100**
- 콩비지김치찌개 · **102**
- 된장찌개 · **104**
- 강된장찌개 · **106**
- 우렁냉이된장찌개 · **108**
- 멸치시래기된장찌개 · **110**
- 차돌박이된장찌개 · **112**
- 쇠고기두부찌개 · **114**
- 청국장찌개 · **116**
- 바지락백순두부찌개 · **118**
- 들깨순두부찌개 · **120**
- 해물순두부찌개 · **122**
- 햄치즈순두부찌개 · **124**
- 순두부명란찌개 · **126**
- 돼지고기김치찌개 · **128**
- 참치김치찌개 · **130**
- 통조림꽁치김치찌개 · **132**
- 돼지고기고추장찌개 · **134**
- 참치감자찌개 · **136**
- 짬뽕찌개 · **138**
- 부대찌개 · **140**
- 닭고기고추장찌개 · **142**
- 오징어찌개 · **144**
- 어묵채소찌개 · **146**
- 맑은새우젓국찌개 · **148**
- 명란젓늙은호박찌개 · **152**
- 동태찌개 · **152**
- 오이감정 · **154**

PART 04

오손도손 푸짐하게 즐기는 탕 & 전골

생태맑은탕 · 158

도미매운탕 · 160

조기매운탕 · 162

꽃게매운탕 · 164

아귀탕 · 166

알탕 · 168

홍합탕 · 170

번데기탕 · 172

모시조개새우완자탕

낙지연포탕 · 176

추어탕 · 178

PART 01

맑고 깊은 국물요리 만들기

육수 재료 고르기

제대로 된 육수를 만들기 위해 좋은 재료 선택은 필수예요. 국물내기용이라고 대충 생각하면 오산! 좋은 재료에서 우러나오는 육수가 훌륭한 국물요리를 완성한답니다. 가장 흔하게 사용하는 육수 재료를 고를 때 꼭 알아야 할 정보를 알려드릴게요.

무

무는 형태가 반듯하고 고르며 겉면이 마르지 않고 윤기가 나는 것을 골라요. 무청이 달려 있다면 자른 단면이 마르지 않았는지 확인을 해서 골라요. 무청이 달린 곳에 가까운 윗부분은 푸른빛이 돌고 단맛이 나는 부위이고 뿌리 쪽은 단맛이 덜하고 시원한 맛이 나므로 기호에 따라, 요리에 따라 선택해서 사용해요. 사이즈가 크므로 잘라서 사용할 때는 자른 단면을 비닐랩으로 감싸 공기가 닿지 않게 해야 바람이 들지 않아요.

다시마

국물에 사용하는 다시마는 잎이 두껍고 색이 진하며 잘 건조된 것으로 골라요. 잎의 겉에 하얗게 분이 생긴 것은 건조되면서 바닷물의 염분이 붙어 있는 것이므로 염려하지 않아도 돼요. 다시마를 물에 씻으면 다시마의 맛 성분인 글루탐산나트륨이 쉽게 씻겨 나가므로 가볍게 털거나 깨끗한 물수건으로 닦아 사용해요. 한번에 사용하기 좋게 가위로 5x5cm크기로 잘라 습기가 없는 곳에 보관하며 필요에 따라 양에 맞게 사용해요.

멸치

육수에 사용하는 멸치는 너무 크거나 작지 않은 멸치, 말려진 상태의 길이가 6cm 정도 되는 멸치를 구해요. 눈빛은 하얗고 또랑하며 머리와 몸통이 단단하게 붙어 있고 겉면은 은빛이 나는 멸치가 좋은 멸치예요. 맛을 보아 잘 건조되고 고소한 맛이 나며 짜지 않은 멸치가 신선한 상태의 멸치로 만들어진 제품이에요. 멸치는 등푸른 생선으로 지방 성분이 많아서 공기 중에 방치하면 산화가 되기 쉬우므로 반드시 냉동 보관해야 누렇게 변하며 비린내가 나지 않아요.

디포리

멸치와 함께 사용하면 국물맛을 진하게 만들어주는 재료예요. 밴댕이를 말린 것으로 신선한 제품은 멸치처럼 몸통은 은빛이 나고, 꼬리지느러미만 노란색이 나요. 디포리는 워낙 내장이 작아서 빼지 않고 요리해도 쓴맛이 나지 않아요. 멸치와 사용할 때 1:1 비율의 분량으로 사용하면 최상의 맛을 얻을 수 있어요. 보통 5컵의 육수를 낼 때 멸치 6마리, 디포리 3마리 정도로 사용해요. 멸치육수와 마찬가지로 냉동 보관해요.

건새우

건새우는 색이 선명하고 윤기가 나며 몸체가 부서지지 않은 것으로 골라요. 크기는 너무 크면 국물이 우러나기까지 시간이 오래 걸리므로 국물용으로는 약간 작은 사이즈로 고르는 것이 좋아요. 건새우만으로도 육수를 내서 아욱국이나 매운탕 육수로 사용할 수도 있지만 멸치나 다시마, 디포리, 황태 머리 등과 함께 사용하면 더 깊고 진한 맛을 낼 수 있어요. 된장이나 고추장을 사용한 국물요리에는 아주 곱게 가루로 내서 적당량씩 넣어주어도 좋아요.

모시조개

조개를 고를 때에는 입을 꽉 다물고 있으며 무게가 무겁고, 껍질이 깨지지 않고 광택이 나는 것을 골라요. 조개는 채취한 지 오래되면 껍데기에 광택이 없고 탁한 색이 나므로 껍질을 잘 보고 구입하도록 해요. 모시조개는 시원하고 깊고 진한 맛을 낼 뿐 아니라 입을 벌렸을 때 동그랗고 흰빛의 껍질 속과 속살의 모양이 예뻐 고급스러운 느낌을 줘요. 바닷물과 비슷한 소금물에 담가 어두운 곳에 2시간 이상 두어 해감한 뒤 깨끗이 비벼 씻어 사용해요.

바지락

바지락을 고를 때에는 모시조개와 같이 입을 꽉 다물고 있으며 무게가 무겁고 껍질이 깨지지 않고 껍데기에 광택이 나는 것을 골라요. 채취한 지 오래되면 탁한 갈색으로 변하므로 껍질을 잘 살펴 구입하도록 해요. 바닷물과 비슷한 소금물에 담가 어두운 곳에 2시간 이상 두어 해감한 뒤 깨끗이 비벼 씻어 사용해요. 3~4월이면 여름철 산란에 대비해 가장 살이 통통하게 올라 맛이 좋아요.

홍합

홍합은 껍질이 부서진 것이 없고 묵직하며 윤기 나는 것으로 고르도록 해요. 크기가 클수록 살이 크고 국물이 진하게 나오므로 가능하면 큰 것으로 골라요. 주로 바위에 붙어 서식하므로 모래가 없어 해감을 시키지 않아도 괜찮아요. 조개 사이에 나온 족사는 소화가 잘되지 않는 질긴 부분이므로 제거하고, 여름철에는 삭시톡신이라는 독소가 있기도 하므로 주로 겨울철에 먹는 것이 안전해요.

사골

사골은 암소보다는 수소의 사골이, 또한 앞사골보다는 힘을 더 많이 주어 튼튼한 뒷사골이 골밀도가 높아 더 좋아요. 뼈의 크기가 크고 자른 단면은 유백색이며 골밀도가 치밀한 것이 좋은 사골이에요. 사골은 핏물을 빼고 조리를 해야 냄새가 나지 않으므로 반드시 찬물에 담가 물을 자주 갈아가며 붉은 물이 나오지 않을 때까지 핏물을 뺀 뒤 사용해요. 냄비에 넣고 잠길 만큼만 물을 부어 끓여 남은 핏물을 응고시켜 헹궈낸 뒤 다시 충분한 물을 붓고 국물을 우려요.

쇠고기

국물용으로 사용하는 쇠고기는 양지머리나 치맛살이 가장 맑고 깊은 국물 맛을 내줘요. 그 외 사태살도 국물요리에 사용하기 좋은 부위예요. 고기를 고를 때에는 밝은 선홍색을 띠고 윤기가 나는 것으로 골라요. 고기에 붙어 있는 지방의 색이 흰빛이 날수록 신선하고 누런빛이 나는 것은 늙고 오래된 소이고, 핑크빛이 도는 것은 신선도가 떨어진 고기예요. 이런 부위들은 국물 맛은 좋으나 모두 근육이 질긴 편이라 최소 40분 이상은 끓여주어야 고기가 부드러워지는 단점이 있어요.

기본 육수 만들기

좋은 재료를 골랐다면 이제 '잘' 끓일 차례예요.
가장 기본이 되는 채소, 해산물, 고기 육수 만들기를 알려드릴게요.
만들고자 하는 국물요리의 종류와 어우러지는 재료에 따라 육수를 골라 만들어보세요.

무, 다시마 육수

무, 다시마 육수는 어떤 재료의 국물요리와도 잘 어울리는 육수예요. 무 이외에도 양파, 당근, 배추, 양배추 등의 꼭지나 끝 부분의 자투리 채소들은 모두 사용이 가능해요. 고기나 해물이 들어가는 국물요리에 밑국물로 사용하면 더 깊은 맛을 낼 수 있어요.

필수 재료 물(4컵), 무(1토막=150g), 다시마(10×5cm)

1. 무는 납작하게 얇게 썰어 다시마와 함께 찬물에 넣고 중간 불에 올리고,
2. 물이 끓기 시작하면 다시마는 건지고,
3. 중약 불로 줄여 무가 투명해질 때까지 15분간 익혀 건져 마무리.

> 무 이외에 당근, 양파, 양배추, 배추, 셀러리 등 자투리 채소는 모두 채소육수에 사용이 가능해요.

황태육수

시원하고 깊은 맛을 내주는 육수예요. 콩나물국이나 북엇국, 감잣국같이 소금이나 국간장으로 간을 하는 맑은 국물요리에 잘 어울려요. 멸치나 디포리, 양파, 표고버섯, 마른 고추 등을 추가하여 끓이면 더 진한 육수를 얻을 수 있어요.

필수 재료 물(5컵), 황태머리(2개), 대파잎(1개), 다시마(10×5cm), 무(⅓토막=100g)

1. 무는 1cm 두께로 썰어 황태머리, 다시마와 함께 찬물에 넣고 중간 불에 올리고,
2. 물이 끓기 시작하면 다시마는 건지고 대파잎을 넣고,
3. 중약 불로 줄여 무가 투명해지고 황태머리가 풀어질 때까지 20분 정도 끓여 맑게 걸러 마무리.

> 끓이는 시간이 길어서 증발되는 수분 양이 많으므로 다른 육수보다 물이 조금 더 많은 양으로 사용해요.

멸치다시마육수

된장이나 고추장을 풀어서 사용하는 요리에 특히 잘 어울려요. 집에 두고 사용하는 마른 재료만으로도 채소만 넣고 만드는 국, 찌개에도 아쉬움이 없게 만들어주는 육수예요. 디포리, 건새우, 황태머리, 말린 표고버섯 등을 함께 사용하면 더 깊은 맛을 낼 수 있어요.

재료 물(4컵), 국물용 멸치(10마리), 다시마10×5cm)

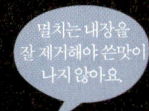
멸치는 내장을 잘 제거해야 쓴맛이 나지않아요.

1. 멸치는 내장을 빼고 다시마와 함께 찬물에 넣고 중간 불에 올리고.
2. 물이 끓기 시작하면 다시마는 건지고.
3. 중약 불로 줄여 10분간 더 끓여 멸치를 건져 마무리.

조개다시마육수

조개는 바다의 맛을 그대로 느끼게 해주는 재료예요. 충분히 해감을 시킨 후 육수를 만들어야 깔끔하고 시원한 육수를 만들 수 있어요. 국물이 맛있기를 원하면 조개를 넣고 시간을 두고 끓이고, 조개 자체를 부드럽게 먹길 원하면 입을 벌렸을 때 바로 불을 꺼요. 그 자체로도 먹을 수 있고 채소나 두부를 이용한 맑은 국이나 된장국, 해산물이 들어가는 국, 찌개에 사용하면 맛있어요.

재료 물(4컵), 모시조개나 바지락(200~300g), 다시마10×5cm)

1. 조개는 소금물(물3컵+소금1)에 담가 어둡게 만든 뒤 시원한 곳에서 2시간 이상 해감하고.
2. 해감한 조개는 깨끗이 비벼 씻어 다시마와 함께 찬물에 넣어 중간 불에 올리고.
3. 물이 끓으면 다시마는 건지고.
4. 조개가 입을 벌리면 약한 불로 줄여 5분간 끓여 마무리.

쇠고기육수

어떤 재료든 깊은 맛과 감칠맛을 내주는 육수예요. 덩어리로 육수를 내서 사용할 때에는 양지머리를 주로 사용하고, 잘게 썰어 빠른 시간에 국물요리를 할 때에는 등심처럼 부드러운 부위의 고기를 사용해요. 뼈와 고기가 같이 붙어 있는 갈비 같은 부위는 시간은 오래 걸리지만 더욱 깊은 맛을 얻을 수 있어요. 육수를 낸 고기는 결 따라 찢거나 얇게 편육으로 썰어 국건더기로 사용하거나 요리에 사용해요. 미역이나 무, 우거지 등의 재료와 함께 사용해요. 고기 냄새는 뚜껑을 열고 조리해야 쉽게 날아가요. 육수를 내서 바로 사용할 때에는 그대로 요리에 대파를 넣어주면 되고, 식혀서 두었다가 사용할 때는 마지막에 대파잎을 넣고 센 불에 끓여 한 번 더 냄새를 빼줘요.

재료 쇠고기 양지머리(300g), 물(10컵), 대파잎(1대)

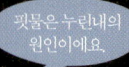
핏물은 누린내의 원인이에요.

1. 양지머리는 잠길 만큼의 찬물에 담가 10분간 핏물을 빼고.
2. 냄비에 양지머리와 물을 넣고 센 불에 올리고.
3. 물이 끓으면 중약 불로 줄여 거품을 걷어가며 40분간 끓이고.
4. 대파잎을 넣고 센 불에서 뚜껑을 연 채 2~3분간 더 끓여 불을 끄고.
5. 대파잎은 건져내고 삶은 고기는 필요에 따라 요리에 사용해 마무리.

닭고기육수

깔끔하고 진한 맛의 육수예요. 처음부터 닭의 껍질을 벗겨내고 육수를 내면 더 국물이 더 잘 우러나고 기름기가 덜한 깔끔한 육수를 얻을 수 있어요. 닭갈탕이나 죽, 칼국수나 만둣국 육수로 사용하고, 이유식이나 중국요리를 만들 때에도 물대신 사용하면 맛이 깊어져요. 식혀서 먹어도 좋은 육수여서 전통 여름 음식인 초계탕이나 임자수탕 등을 만들 때에도 사용해요.

재료 닭(½마리), 물(6컵), 대파잎(1대), 마늘(3쪽), 생강(1쪽), 통후추(0.1)

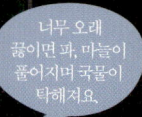
너무 오래 끓이면 파, 마늘이 풀어지며 국물이 탁해져요.

1. 닭은 반으로 잘라 껍질을 벗겨내고.
2. 냄비에 손질한 닭과 찬물을 넣고 센불에 올리고.
3. 물이 끓으면 중약 불로 줄여 거품을 걷어가며 20분 익히고.
4. 대파잎, 마늘, 생강, 통후추를 넣고 10분간 더 익혀 불을 끄고.
5. 고기는 건져 요리에 사용하고 국물을 체에 받쳐 걸러내 마무리.

사골육수

뽀얀 사골육수는 고소한 맛이 나는 육수예요. 그 자체로도 요리가 되고, 물을 섞어 희석시켜 떡국이나 만둣국, 칼국수의 육수로 사용해도 좋고, 된장이나 진한 양념이 들어가는 된장국, 부대찌개나 김치찜 등 다용도로 사용해요.

재료 사골(2kg), 잡뼈(1kg), 쇠고기 사태나 양지(300g), 대파(1대)

1. 사골과 잡뼈는 사서 찬물에 담가 두세번 갈아가며 8시간 정도 핏물을 빼고.
2. 큰 냄비에 넣고 물을 잠길 만큼만 부은 뒤 불에 올려 뚜껑을 열고 물이 끓기 시작해서 5분 정도 데쳐 건져 찬물에 헹궈 냄비에 담고.
3. 물(8리터)을 붓고 센불에 올려 물이 끓기 시작하면 중약불로 줄여 6~7시간 동안 끓이고.
4. 국물만 따라낸 뒤 다시 찬물(8리터)를 넣고 같은 방식으로 끓이고.
5. 다시 따라내 사태를 추가해 다시 찬물을(5리터)를 넣고 끓이고.
6. 뼈를 버리고 1, 2, 3차로 끓인 국물을 모두 모아 다시 끓이고.
7. 위에 뜨는 기름을 모두 걷어내 마무리.

> 곰국을 끓일 때에는 가능하면 뚜껑을 열고 끓여야 냄새가 모두 빠져요.

> 여름철에는 식은 곰국 위에 얼음주머니를 가져다대면 기름이 굳으며 들러붙어 제거하기 쉬워요.

> 차가운 곳에 두면 위에 기름만 굳어 걷어내기 쉬워요.

국물요리 초보들의 단골 Q&A

국물요리 초보들을 위한 Q&A
육수와 재료만 넣고 끓이면 끝이라고요?
좀 더 완성도 높은 국물요리를 위해 몇 가지 팁을 배워보세요.
초보 눈높이에 딱 맞춰 알 듯 모를 듯 궁금했던 질문들에 답해드려요.

1. 육수, 매번 필요할 때마다 끓이기 번거로워요. 육수를 잘 보관하는 방법 알려주세요.

한 번에 넉넉한 양으로 충분히 맛이 나는 상태로 끓인 뒤 그 육수를 센 불로 하여 뚜껑을 열고 진하게 조려요. 육수를 그대로 냉동 보관하면 냉동실에 자리를 많이 차지할 뿐 아니라 나중에 요리를 할 때에도 녹이는 시간이 오래 걸리므로 처음 양의 $\frac{1}{10}$ 정도가 될 때까지 조려주세요. 예를 들어 20컵의 육수를 만들었다면 2컵이 될 때까지 농축되도록 조려주는 거예요. 불을 끈 뒤 상온 상태로 식으면 냉동실의 각얼음 만드는 통에 부어 얼려주세요. 완전히 얼면 각얼음을 모두 낱낱이 분리해 지퍼락이나 통에 넣고 겉에 무슨 육수인지 메모해서 냉동 보관을 해주세요.
육수가 필요할 때 얼음 양의 10배의 물을 추가하여 어우러지게 팔팔 끓여 사용하면 되니, 냉동실의 자리도 많이 차지하지 않고 조리 시간도 단축해줘 편리하답니다.

2. 육수를 끓일 때 생기는 거품, 모두 걷어내야 하나요?

일반적으로 육수를 끓일 때 생기는 거품은 고기나 생선, 멸치 등에서 나오는 핏물이 열에 의해 응고되어 위에 뜨는 경우, 그리고 재료에서 나온 지방 성분이 위에 뜨는 경우가 대부분이에요. 이 거품은 육수의 비린내나 누린내의 원인이 될 뿐 아니라 국물도 탁하게 만들어 모두 걷어낼수록 맑고 깔끔한 국물을 얻을 수 있어요. 다시마의 경우에도 오래 끓이면 다시마 내부의 끈끈한 성분인 알긴산이 녹아나와 걸쭉한 거품이 떠오르고 국물도 탁해져요. 그래서 다시마를 함께 넣고 육수를 낼 때는 물이 끓으면 바로 건져주는 것이 좋아요. 다시마의 맛성분인 글루탐산나트륨은 끓기 직전에 이미 다 육수에 빠져나오므로 더 이상 끓일 필요가 없거든요.

3. 국이나 찌개를 끓일 때 불조절은 어떻게 하나요?

일반적으로 국이나 찌개를 끓일 때 육수를 끓이는 동안에는 물이 끓을 때까지는 센 불, 끓기 시작하면 중약 불로 줄여 재료의 맛이 서서히 충분히 우러나올 수 있도록 해줘요. 불이 너무 세면 육수의 재료가 되는 고기나 멸치 등이 강한 열로 단단하게 응고되어 맛이 덜 우러나게 되거든요. 육수를 끓인 뒤 국이나 찌개를 끓이기 위해 준비한 재료를 넣고 익히는 동안에는 보통 중간 불에서 조리를 해요. 잘 익지 않는 재료를 먼저 넣고 빨리 익는 재료나 향이 있는 재료는 나중에 넣으면서 재료의 익는 상태를 조절해주죠. 뭉근히 오래 익혀야 하는 요리의 경우에는 중약 불로 익혀주기도 해요.

4. 감잣국을 끓일 때 탁해지는 이유가 뭔가요?

감자는 대표적인 당질 식품이에요. 이 당질은 전분이 상태로 존재하고 있죠. 그래서 감자를 이용해서 국을 끓이면 감자 단면의 전분질이 물에 녹아나오면서 국물이 탁해지게 돼요. 그 자체가 감잣국의 특징이기도 하죠. 경우에 따라 맑고 깔끔하게 감잣국을 끓이고 싶다면 썰어둔 감자를 찬물에 뿌연 물이 나오지 않을 때까지 헹궈서 사용하면 된답니다.

5. 국물이 너무 많거나 적을 경우 대처법을 알려주세요.

국물이 많다고 이미 양념이 된 상태에서 국물을 덜어내면 제 맛이 나기가 어려워져요. 오히려 국물 양에 맞춰 건더기를 더 넣고 양념도 더 넣어서 전체적으로 비율이 맞게 맛을 내서 끓여주세요. 추가로 더 끓인 양은 냉장고나 냉동고에 보관했다가 먹도록 해요. 국물이 적은 경우에는 그냥 물을 첨가하지 말고 육수를 추가로 넣고, 그 양에 맞춰 양념의 양도 늘려야 제 맛을 낼 수 있어요.

밥숟가락으로 계량하기

요리의 시작은 계량. 아무리 좋은 레시피라도 정확한 계량 없이는 맛있는 요리가 될 수 없죠. 계량컵, 계량스푼, 저울 등 부담되시죠? 이제 우리 부엌에 늘 있는 밥숟가락과 종이컵을 활용해보세요. 쉬운 계량으로 맛있는 요리를 쉽게 만들 수 있어요.

가루 분량 재기

설탕(1)

숟가락으로 수북이 떠서 위로 볼록하게 올라오도록 담아요.

설탕(0.5)

숟가락으로 절반 정도만 볼록하게 담아요.

설탕(0.3)

숟가락의 ⅓정도만 볼록하게 담아요.

장류 분량 재기

고추장(1)

숟가락으로 가득 떠서 위로 볼록하게 올라오도록 담아요.

고추장(0.5)

숟가락의 절반 정도만 볼록하게 담아요.

고추장(0.3)

숟가락의 ⅓정도만 볼록하게 담아요.

다진 재료 분량 재기

다진 마늘(1)

숟가락으로 수북이 떠서 꼭꼭 담아요.

다진 마늘(0.5)

숟가락의 절반 정도만 꼭꼭 담아요.

다진 마늘(0.3)

숟가락의 ⅓정도만 꼭꼭 담아요.

청담동 단골 국찌개
맑고 깊은 국물요리 만들기

액체 분량 재기

간장(1)

숟가락 한가득
찰랑거리게 담아요.

간장(0.5)

숟가락의 가장 자리가 보이도록
절반 정도만 담아요.

간장(0.3)

숟가락의 $\frac{1}{3}$ 정도만 담아요.

종이컵으로 분량 재기

육수(1컵)

종이컵에 찰랑거리게
가득 담아요.

육수($\frac{1}{2}$ 컵)

종이컵의 절반보다 살짝 위로
올라오게 담아요.

육수($\frac{1}{3}$ 컵)

종이컵의 절반이 안 되도록
$\frac{1}{3}$ 정도만 담아요.

손으로 분량 재기

쪽파(1줌)

손으로 자연스럽게
한가득 쥐어요.

더덕(1줌)

가지런히 해 자연스럽게
한가득 쥐어요

샐러드 채소(1줌)

손으로 자연스럽게
한가득 쥐어요.

+ 계량스푼이 더 편한 분들을 위해 책에 실린 모든 요리의 재료 분량을 계량스푼을 활용해 다시 한 번 정리해 두었어요. 책의 마지막에서 확인하세요.

PART

02

—

매일매일
빠질 수
없는 국

한 가지 재료로 만들어요

시원한 맛의 대명사 배추된장국!
배추가 투명하게 익을 때까지 끓여야 시원하고 먹기도 좋아요.
속이 불편하거나 입이 깔깔한 아침에도 이만한 국이 없죠.

배추된장국 <small>속 편한 아침국</small>

FOR 2

필수 재료 배추(5장=150g), 대파(15cm)
육수 재료 쌀뜨물(4컵), 국물용 멸치(10마리), 다시마(10×5cm)
양념 된장(2), 다진 마늘(0.3)

01 냄비에 **육수 재료**를 넣고 끓어오르면 다시마를 건지고 중간 불에서 10분간 더 끓여 멸치도 체로 거르고,

02 배추는 세로로 두세 번 칼집을 넣어 길게 찢고, 대파는 어슷 썰고,

03 끓는 육수에 배추를 넣어 반투명해질 때까지 끓이고,

> 집에서 담근 재래식 된장을 사용할 땐 배추와 함께 넣고 푹 끓여야 맛이 우러나요.

04 된장을 푼 뒤 다진 마늘, 대파를 넣고 가볍게 끓여 마무리.

근대는 잎은 잎대로 부드럽고,
줄기는 줄기대로 도톰하게 씹히는 질감이 살아 있는 식재료예요.
구수한 멸치육수에 넣고 끓여 갓 지은 밥을 곁들이면
다른 반찬 없이도 밥 한 그릇 뚝딱이랍니다.

근대된장국 가을에 꼭 드세요

FOR 2

필수 재료 근대잎(8~10장=150g), 대파(15cm)
육수 재료 물(4컵), 국물용 멸치(10마리), 다시마(10×5cm)
양념 된장(2), 다진 마늘(0.3)

냄비에 **육수 재료**를 넣고 끓어오르면 다시마를 건지고 중간 불에서 10분간 더 끓여 멸치도 체로 거르고,

근대는 한입 크기로 썰고, 대파는 어슷 썰고,

육수 속 멸치를 건져낸 뒤 된장을 풀고,

끓어오르면 근대를 넣어 숨이 죽으면 다진 마늘, 대파를 넣고 끓여 마무리.

봄에만 맛볼 수 있는 향긋한 냉이. 눈에 띄면 냉큼 사가지고 오세요.
제철을 놓치면 1년을 기다려야 하니까요.
뿌리가 너무 굵으면 심이 있어 질길 수 있으니 중간 정도로 구입하세요.

냉이된장국 향긋한 봄내음이 가득

FOR 2

필수 재료 냉이(2줌=150g), 대파(15cm)
육수 재료 쌀뜨물(4컵), 국물용 멸치(10마리), 다시마(10×5cm)
양념 된장(2), 다진 마늘(0.3)

01 냄비에 **육수 재료**를 넣고 끓어오르면 다시마를 건지고 중간 불에서 10분간 더 끓여 멸치도 체로 거르고,

02 냉이는 뿌리를 칼끝으로 긁고 깨끗이 씻어 큰 것은 세로로 2~4등분하고,

03 대파는 어슷 썰고,

04 육수(4컵)에 된장(2.5)을 풀고 냉이를 넣고 끓이고,

05 냉이 뿌리가 부드럽게 익으면 다진 마늘, 대파를 넣고 가볍게 끓여 마무리.

쌈 싸먹고 남은 상추가 처치곤란이라고요?
아삭한 식감이 살아 있는 상추된장국을 끓여보세요.
시금치나 근대를 넣는 것 못지않게 시원한 국물이 완성될 거예요.

상추된장국 쌈 대신 국으로

FOR 2

- **필수 재료** 상추(2줌=80g), 대파(15cm)
- **육수 재료** 쌀뜨물(4컵), 국물용 멸치(10마리), 다시마(10×5cm)
- **양념** 된장(2), 다진 마늘(0.3)

01 냄비에 **육수 재료**를 넣고 끓어오르면 다시마를 건지고 중간 불에서 10분간 더 끓여 멸치도 체로 거르고,

02 상추는 큼직하게 뜯고, 대파는 어슷 썰고,

03 육수(3½컵)에 된장을 풀어 끓으면 상추를 넣고 다진 마늘, 대파를 넣고 가볍게 끓여 마무리.

상추의 숨이 죽을 정도만!

청담동 단골 국찌개
매일매일 빠질 수 없는 국

김밥이나 볶음밥에 곁들일 수 있는 국물로 이만한 것이 없죠.
미소된장을 풀고 오래 끓이면 맛이 떨어지니 주의!
두부 대신 유부를 사용해도 좋아요.

일식 두부된장국 어디든 찰떡궁합

FOR 2
- **필수 재료** 부드러운 두부(⅓모=100g), 쪽파(1대)
- **선택 재료** 불린 미역(½컵), 팽이버섯(½줌)
- **육수 재료** 물(4컵), 국물용 멸치(10마리), 다시마(10×5cm)
- **양념** 참치액(1), 미소된장(2)

01 두부는 한입 크기로 납작 썰고, 쪽파는 송송 썰고,

미역(⅓컵=5g)을 찬물에 15분간 담가 준비해요.

02 불린 미역은 3cm 길이로 썰고, 팽이버섯은 밑동을 잘라낸 뒤 같은 길이로 썰고,

된장은 체에 넣고 풀어 넣어요.

03 냄비에 **육수 재료**를 넣고 끓어오르면 다시마를 건지고 중간 불에서 10분간 더 끓여 멸치도 체로 거르고, 참치액과 미소된장을 넣고,

04 미역, 두부를 넣고 다시 끓어오르면 불을 끈 뒤 팽이버섯, 쪽파를 넣어 마무리.

육수가 없이 콩나물만으로도 시원한 국이 완성돼요.
콩나물을 들기름에 볶으면
아삭한 식감은 그대로 살리면서 구수함은 배가된답니다

콩나물국 콩나물만으로 끓인

FOR 2

필수 재료 콩나물(2½줌=150g), 대파(15cm)
양념 들기름(1), 소금(0.4), 다진 마늘(0.3)

콩나물은 지저분한 부분만 떼어내고, 대파는 어슷 썰고,

맑게 끓이고 싶으면 이 과정을 생략하고 2~3분 더 끓여요.

냄비에 들기름(1)을 두르고 콩나물을 2분간 볶고,

중간에 뚜껑을 열면 비린내가 나니 계속 덮고 끓여요.

물(4컵)을 붓고 뚜껑을 덮어 중간 불에서 7분간 끓이고,

입맛에 따라 고춧가루를 더해도 좋아요.

소금으로 간한 뒤 다진 마늘, 대파를 넣고 가볍게 끓여 마무리.

멸치육수에 미역만 넣고 담백하게 끓였어요.
불린 미역은 여러 번 주물러 씻어야 비린내와 쓴맛이 없어져요.
국간장이 없다면 소금과 액젓으로 감칠맛을 더해도 좋아요.

미역국 소박하게 끓인

FOR 2

필수 재료 마른 미역(1컵=15g)
육수 재료 물(4½컵), 국물용 멸치(10마리), 다시마(10×5cm)
양념 참기름(1), 국간장(0.5), 참치액(1), 다진 마늘(0.3)

01 냄비에 **육수 재료**를 넣고 끓어오르면 다시마를 건지고 중간 불에서 10분간 더 끓여 멸치도 체로 거르고,

02 미역은 10배의 물에 부드럽게 불려 물기를 짠 뒤 여러 번 주물러 씻어 먹기 좋게 썰고,

03 중간 불로 달군 냄비에 참기름과 미역을 넣어 3분간 볶고,

04 육수(4컵)를 붓고 미역이 충분히 부드러워질 때까지 끓인 뒤, 국간장, 참치액, 다진 마늘을 넣고 한소끔 끓여 마무리.

어떤 국을 끓일지 고민이 된다면 감잣국은 어떠세요?
포근포근 부드러운 감자와 구수한 멸치육수만으로도 따뜻한 밥상이 완성돼요.

감잣국 담백하고 맑게 끓인

FOR 3

필수 재료 감자(중간 크기 2개), 대파(15cm)
육수 재료 물(4컵), 국물용 멸치(10마리), 다시마(10×5cm)
양념 소금(0.4), 다진 마늘(0.3), 후춧가루(약간)

01 냄비에 **육수 재료**를 넣고 끓어오르면 다시마를 건지고 중간 불에서 10분간 더 끓여 멸치도 체로 거르고,

02 감자는 껍질을 벗겨 4등분한 뒤 1cm 두께로 썰고, 대파는 어슷 썰고,

03 육수(4컵)에 감자를 넣어 부드럽게 익을 때까지 끓이고,

04 소금으로 간을 맞추고 다진 마늘, 대파, 후춧가루를 넣고 가볍게 끓여 마무리.

늦은 밤 출출할 때 부담 없이 먹기 좋은 도토리묵국이에요.
속이 든든하고 칼로리 부담도 없거든요.
따뜻하게 먹어도 시원하게 먹어도 맛있어요.

도토리묵국 칼로리 걱정 없는

FOR 2

필수 재료 익은 배추김치(1컵), 오이(¼개), 도토리묵(½모=250g), 김(1장)
육수 재료 물(4컵), 국물용 멸치(8마리), 다시마(10×5cm)
김치양념 설탕(0.2), 참기름(0.3)
양념 소금(약간), 후춧가루(약간), 국간장(1), 참치액(1), 참깨(약간)

01 냄비에 **육수 재료**를 넣고 끓어오르면 다시마를 건지고 중간 불에서 10분간 더 끓여 멸치도 체로 거르고,

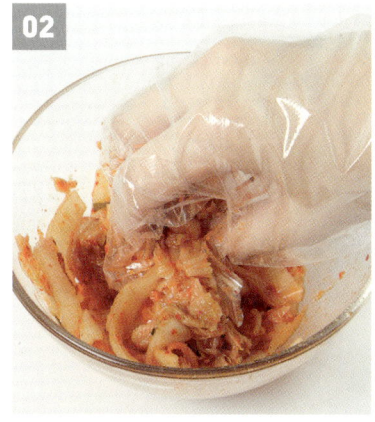

02 김치는 소를 털어내고 송송 썰어 **김치양념**을 섞고,

03 오이는 채 썰고, 묵은 0.5×0.5×10cm로 채 썰고,

04 육수는 참깨를 제외한 **양념**으로 간한 뒤 묵을 5~10초간 데쳐 건지고, 국물은 따로 두고,

05 김은 불에 앞뒤로 구워 잘게 부수고,

06 그릇에 묵을 담고 육수를 부은 뒤 김치, 오이, 김을 얹고 통깨를 뿌려 마무리.

여름철에는 차게 먹어도 좋아요.

시원하고 칼칼한 국물이 일품인 제주도의 향토음식이에요.
신선한 생물 갈치와 달달한 늙은 호박이 정말 잘 어울려요.
갈치의 비늘을 잘 긁어내야 더 깔끔하고 맛도 부드럽답니다.

갈칫국 제주 바다의 맛

FOR 2

필수 재료 얼갈이배추(2포기), 늙은 호박(200g), 대파(1대), 청양고추(2개), 홍고추(1개), 갈치(1마리=4토막)
양념 참치액(1), 소금(0.3), 다진 마늘(0.5), 후춧가루(약간)

01 얼갈이배추는 뿌리를 잘라 낸 뒤 깨끗이 씻어 반으로 썰고,

02 늙은 호박은 껍질을 벗겨 5cm 폭으로 잘라 1.5cm 두께로 두툼하게 등분하고,

늙은 호박이 없는 경우 단호박, 애호박을 사용해도 좋아요.

03 대파와 고추는 어슷 썰고,

04 갈치는 머리, 지느러미, 내장을 제거한 뒤 칼등으로 비늘을 긁어 먹기 좋게 토막 내고,

갈치 비늘은 소화가 안 되니 꼭 긁어내요.

05 물(4컵)에 갈치와 늙은 호박을 넣어 호박이 반 정도 익을 때까지 중간 불로 끓이고,

끓어오르며 생기는 거품은 바로바로 걷어주세요.

06 얼갈이와 홍고추를 넣고 참치액과 소금으로 간을 맞춘 뒤 얼갈이의 숨이 죽으면 다진 마늘, 대파, 청양고추, 후춧가루를 넣어 한소끔 끓여 마무리.

쌀쌀한 아침에 속을 따뜻하게 데워주는 북엇국이에요.
북어를 불린 쌀뜨물을 육수처럼 사용하면 시원함이 배가돼요.

북엇국 속이 화 풀리는

FOR 2

필수 재료 황태포(2줌), 쌀뜨물(4컵), 달걀(2개), 대파(1대), 두부(⅓모)
양념 새우젓(1), 국간장(1.5), 소금(약간), 다진 마늘(0.3), 참기름(2), 후춧가루(약간)

01 황태포는 큰 것만 가위로 자른 뒤 쌀뜨물(4컵)에 담가 부드러워지면 바로 물기를 짜고, 쌀뜨물은 그대로 두고.

02 달걀은 잘 풀고, 대파는 어슷 썰고, 두부는 작게 깍둑 썰고.

03 냄비에 참기름을 둘러 북어를 달달 볶다가 쌀뜨물을 부어 중간 불로 끓이고.

04 끓으면 새우젓, 국간장, 소금으로 간한 뒤 다진 마늘과 두부를 넣고.

05 달걀물을 젓가락을 대고 돌려가며 붓고.

불을 끈 뒤 잔열로 달걀을 익혀요.

06 달걀이 절반 이상 익을 때까지 젓지 말고 대파, 후춧가루를 넣은 뒤 바로 불을 꺼 마무리.

조개 하나만 넣었는데 국물이 정말 시원해요.
너무 오래 끓이면 조갯살이 질겨지니 주의!
바지락이나 제첩 같은 다른 조개도 같은 방법으로 끓이면 돼요.

모시조개맑은국 시원한 국물이 예술

FOR 2

필수 재료 모시조개(300g), 쪽파(2대), 마늘(1쪽)
선택 재료 홍고추(½개), 청양고추(1개)
양념 소금(1), 마늘(1쪽)

01 모시조개는 소금물(물4컵+소금1.3)에 담가 어두운 곳에서 2시간 이상 해감한 뒤 바락바락 비벼 씻고,

02 쪽파는 3cm 길이로 자르고, 마늘은 곱게 채 썰고,

03 고추는 얇게 송송 동글 썰고,

뜨는 거품은 중간중간 걷어내요

04 조개에 물(4컵)을 붓고 입이 벌어질 때까지 중간 불로 끓이고,

05 뽀얗게 국물이 우러나면 마늘과 쪽파를 넣고 소금으로 간한 뒤 한소끔 끓으면 불을 끄고 고추를 넣어 마무리.

가지의 껍질을 벗겨 국을 끓이면 부드러운 식감이 일품이에요.
들기름에 볶는 시간을 넉넉히 해야 뽀얀 국물이 더 진하고 맛있게 우러난답니다.

가지국 <small>식감이 부들부들</small>

FOR 2

필수 재료 가지(3개), 대파(15cm)
육수 재료 물(4컵), 국물용 멸치(5마리), 디포리(3마리), 다시마(10×5cm)
양념 들기름(2), 국간장(1.5), 소금(0.2), 다진 마늘(0.3)

01 냄비에 **육수 재료**를 넣고 끓어오르면 다시마를 건지고 중간 불에서 10분간 더 끓여 디포리와 멸치도 체로 거르고,

02 가지는 감자칼로 껍질을 모두 벗기고 5cm 길이로 등분해 막대 모양으로 썰고, 대파는 어슷 썰고,

03 중간 불로 달군 냄비에 들기름(2)을 두르고 가지를 2분간 볶다가 육수(3½ 컵)를 붓고,

04 5분간 끓여 가지가 부드럽게 익으면 국간장과 소금으로 간을 맞추고,

05 다진 마늘, 대파를 넣고 한소끔 끓여 마무리.

색에 반하고 맛에 또 한 번 반하는 가지냉국이에요.
20분 정도 냉장실에 넣어두면 더 예쁜 분홍빛이 된답니다.
가지를 찜통에 찌는 게 귀찮을 때에는 비닐봉지에 넣어 전자레인지에 익혀도 좋아요.

가지냉국 예쁜 보랏빛

FOR 2 | **필수 재료** 쪽파(1대), 홍고추($\frac{1}{2}$개), 가지(2개), 다시마(10×5cm)
밑간 국간장(0.2)+다진 마늘(0.2)
냉국 국물 생수(3컵)+소금(1)+설탕(4)+식초($\frac{1}{2}$컵)

쪽파와 홍고추는 송송 썰고,

가지는 꼭지를 제거하고 길게 반 갈라 가로로 2등분한 뒤 김 오른 찜기에 5분간 찌고,

가지가 식으면 손으로 굵게 찢어 물기를 꼭 짠 뒤 **밑간**에 버무리고,

냉국 국물을 섞어 설탕과 소금이 녹도록 충분히 저어주고,

가지에 냉국 국물을 붓고 쪽파와 홍고추를 얹어 마무리.

> 먹기 전 얼음을 더하면 더 시원해요.

특별한 재료 없이도 가장 쉽게 만들 수 있는 냉국이에요.
육수를 준비하기 번거로울 땐 생수만 넣고 끓여도 맛있고,
소면이나 우동을 넣어 국수로 즐기기도 좋아요.

김냉국 만만한 재료로 후다닥

FOR 2

- **필수 재료** 김(4장), 쪽파(1대)
- **육수 재료** 물(3½컵), 국물용 멸치(8마리), 다시마(10×5cm)
- **양념** 국간장(1), 참치액(1), 후춧가루(약간), 소금(약간), 참깨(약간)

01 냄비에 **육수 재료**를 넣고 끓어오르면 다시마를 건지고 중간 불에서 10분간 더 끓여 멸치도 체로 거르고,

02 육수(3컵)에 국간장, 참치액, 후춧가루를 넣고 부족한 간은 소금으로 맞춰 차게 식히고,

03 김은 구워 봉지에 넣고 비벼 잘게 부수고, 쪽파는 송송 썰고,

04 국물에 김을 넣고 쪽파와 참깨를 뿌려 마무리.

삶은 소면을 넣어 국수처럼 즐겨도 좋아요.

청담동 단골 국찌개
매일매일 빠질 수 없는 국

아작아작 씹히는 맛이 좋은 오이지는 여름철 없는 입맛도 살려줘요.
냉국을 자주 해 드신다면 냉국 국물만 미리 만들어 얼려 두세요.
얼음을 넣지 않아도 시원하고 맛이 흐려지지 않는답니다.

오이지냉국 _{오이가 아작아작}

FOR 2

필수 재료 오이지(2개), 쪽파(1대)
냉국 국물 생수(3컵)+소금(1)+설탕(4)+식초(½컵)

01 오이지는 동그란 모양을 살려 납작 썬 뒤 찬물을 잠길 만큼 부어 짠맛을 빼고,

02 쪽파는 송송 썰고,

03 **냉국 국물**을 섞어 설탕과 소금이 녹도록 충분히 저어주고,

먹기 전 얼음을 더하면 더 시원해요.

04 오이지, 쪽파에 냉국 국물을 부어 고루 섞어 냉장고에 차게 두어 마무리.

두 가지 재료로 만들어요

시원한 조개와 달큰한 시금치의 만남은 그야말로 환상!
바지락이 없다면 멸치육수를 사용해도 좋아요.
번거롭더라도 시금치는 데쳐 넣어야 맛, 색, 식감을 살릴 수 있어요.

바지락시금치된장국 구수하고 시원한

FOR 2

필수 재료 바지락(1봉=200g), 시금치(2줌=200g), 대파(15cm)
육수 재료 물(4컵), 다시마(10×5cm)
양념 소금(1+약간), 된장(2), 다진 마늘(0.3)

바지락 해감은 45쪽을 참고해주세요.

바지락은 해감된 것으로 준비해 바락바락 한번 더 비벼 씻고,

냄비에 **육수 재료**, 바지락을 넣고 입을 벌릴 때까지 중간 불로 끓이고,

시금치를 모아쥐고 뿌리쪽부터 먼저 넣어 데쳐요.

시금치는 깨끗이 다듬어 소금물(물10컵+소금1)에 7초간 데친 뒤 찬물에 여러 번 헹궈 물기를 꼭 짜고,

대파는 어슷 썰고,

바지락육수에 된장을 푼 뒤 시금치를 넣어 끓이고,

다진 마늘, 대파를 넣고 부족한 간을 소금으로 맞춘 뒤 한소끔 끓여 마무리.

구수하고 시원한 아욱국에는 건새우가 제 짝이죠.
조금 작은 크기의 건새우를 써야 맛도 잘 우러나고 먹을 때 이물감이 없어요.
아욱은 잘 비벼 씻어 풋내를 제거해야 국물 맛이 깔끔하답니다.

건새우아욱국 문 잠그고 먹는

FOR 2

필수 재료 아욱(1½ 줌=120g), 건새우(⅔컵), 대파(15cm)
양념 된장(2), 다진 마늘(0.3)

> 섬유질을 제거해야 질기지 않고 여러번 씻어야 풋내가 안나요.

01 아욱은 질긴 줄기는 잘라 겉의 섬유질을 벗겨낸 뒤 여러 번 주물러 씻어 헹궈 물기를 꼭 짜고, 대파는 어슷 썰고,

02 냄비에 찬물(4컵)과 건새우를 넣어 중간 불에서 10분 끓이고,

03 된장을 푼 뒤 아욱을 넣어 끓이고,

04 다진 마늘(0.3), 대파를 넣고 가볍게 끓여 마무리.

> 입맛에 맞게 고추장(0.5)이나 고춧가루(0.3), 또는 어슷 썬 청양고추(1개 분량)를 넣어도 좋아요.

콩나물과 무가 만났으니 국물 시원한 건 말해 뭐해요.
감기에 걸린 가족이 있다면 오늘 국은 바로 이거예요.
칼칼한 맛을 원한다면 고춧가루를 곁들여도 좋아요.

콩나물뭇국 한 그릇에 감기 뚝

FOR 2

필수 재료 콩나물(2줌=100g), 무(1토막=150g), 대파(15cm)
육수 재료 물(4컵), 국물용 멸치(10마리), 다시마(10×5cm)
양념 소금(0.4), 다진 마늘(0.3)

01 냄비에 **육수 재료**를 넣고 끓어오르면 다시마를 건지고 중간 불에서 10분간 더 끓여 멸치도 체로 거르고,

02 콩나물은 깨끗이 씻어 건지고,

03 무는 5cm 길이로 채 썰고, 대파는 어슷 썰고,

04 육수 속 멸치를 건져낸 뒤 콩나물, 무를 넣고 뚜껑을 닫아 5분간 끓이고,

05 거품을 걷어내고 **양념**과 대파를 넣고 가볍게 끓여 마무리.

잘 익은 배추김치와 콩나물을 넣고 칼칼하게 끓였어요.
한 그릇 먹고 나면 이마에 땀이 송송 맺힌답니다.
따뜻한 밥에 담백한 생선구이 요리와 곁들이면 다른 반찬이 필요 없어요.

콩나물김칫국 뜨겁지만 시원해

FOR 2

필수 재료 두부(⅓모), 대파(15cm), 익은 배추김치(1컵=100g), 콩나물(2줌=100g)
육수 재료 물(4컵), 국물용 멸치(10마리), 다시마(10×5cm)
양념 김칫국물(¼컵), 국간장(0.5), 다진 마늘(0.3), 소금(약간)

01 냄비에 **육수 재료**를 넣고 끓어오르면 다시마를 건지고 중간 불에서 10분간 더 끓여 멸치도 체로 거르고,

두부는 썬 뒤 찬물에 헹궈주면 더 깔끔해요.

02 두부는 5cm 길이의 막대 모양으로 썰고,

03 대파는 어슷 썰고, 김치는 1cm 두께로 송송 썰고,

04 육수 속 멸치를 건져낸 뒤 콩나물, 김치, 김칫국물을 넣어 5분간 끓이고,

부족한 간은 소금으로 맞춰요.

05 거품을 걷어 낸 뒤 두부를 넣고 나머지 **양념**과 대파를 넣어 마무리.

그냥 콩나물국은 뭔가 아쉽다고요?
전주 스타일로 오징어와 달걀을 더해 푸짐한 한 그릇으로 즐겨보세요.
새우젓으로 간을 해야 국물이 시원하고 맛도 진해요.

전주식 콩나물국 전주에서 먹던 그 맛

FOR 2

필수 재료 콩나물(2줌=100g), 익은 배추김치(½컵), 대파(15cm), 오징어(½마리)
선택 재료 달걀(2개), 청양고추(1개), 김(1장)
육수 재료 물(5컵), 국물용 멸치(10마리), 다시마(10×5cm)
양념 김칫국물(¼컵), 새우젓(2), 다진 마늘(0.3), 소금(약간)

01 냄비에 **육수 재료**를 넣고 끓어오르면 다시마를 건지고 중간 불에서 10분간 더 끓여 멸치도 체로 거르고,

02 배추김치는 소를 털어내 송송 썰고, 대파와 청양고추도 얇게 송송 썰고,

03 오징어는 4~5cm 길이로 썰어 체에 받친 뒤 육수에 넣어 오징어가 하얗게 될 때까지 익혀 건지고,

04 김은 팬에 구워 잘게 부수거나 가위로 자르고,

05 육수에 콩나물을 넣고 5분간 끓인 뒤 다진 마늘을 넣고 김칫국물과 새우젓, 소금으로 간하고,

06 그릇에 콩나물국을 담고 위에 김치, 오징어, 김, 달걀을 곁들여 마무리.

봄내음 가득한 콩나물국을 만들어보세요.
아삭한 콩나물과 부드럽게 데친 봄동이 어우러졌어요.
된장과 고추장 양념을 넣어
첫맛은 구수하게 끝맛은 매콤하게 즐길 수 있어요.

봄동콩나물국 향긋한 봄내음이 가득

FOR 2

필수 재료 봄동(2포기=200g), 대파(15cm), 콩나물(1줌=500g)
선택 재료 청양고추(1개)
육수 재료 물(4컵), 국물용 멸치(10마리), 다시마(10×5cm)
양념 된장(2), 고추장(0.3), 다진 마늘(0.3), 소금(0.3)

01 냄비에 **육수 재료**를 넣고 끓어오르면 다시마를 건지고 중간 불에서 10분간 더 끓여 멸치도 체로 거르고,

02 끓는 물(3컵)에 소금을 넣고 봄동을 30초간 데쳐 찬물에 헹궈 물기를 꼭 짠 뒤 한입 크기로 등분하고,

03 대파는 어슷 썰고, 청양고추는 송송 썰고,

04 육수에 된장과 고추장을 풀고 콩나물을 넣고 뚜껑을 닫아 3분간 끓이고,

05 봄동을 넣고 3~4분간 어우러지게 끓이고,

06 대파, 다진 마늘, 청양고추를 넣고 한소끔 끓여 마무리.

모시조개는 시원한 맛으로 일품이지만 입이 벌어졌을 때 뽀얗고 둥그란 모양이 고급스러워 대접받는 느낌을 주는 식재료예요. 여기에 콩나물까지 더했으니 시원함도 배가되겠죠?

모시조개콩나물국 시원함이 2배

FOR 2

필수 재료 모시조개(200g), 대파(15cm), 마늘(1쪽), 콩나물(2줌=100g)
양념 새우젓국물(1), 청주(1), 후춧가루(약간), 소금(0.2)

01 모시조개는 소금물(물3컵+소금1)에 담가 어두운 곳에 2시간 두어 해감한 뒤 바락바락 비벼 씻고,

02 대파는 어슷 썰고, 마늘은 곱게 채 썰고,

03 모시조개에 물(4컵)을 붓고 입이 벌어질 때까지 끓이고,

04 콩나물을 넣고 뚜껑을 닫아 5분간 끓이고,

끓어오르며 생기는 거품은 바로바로 걷어주세요.

05 새우젓국물, 청주, 후춧가루, 채 썬 마늘, 대파를 넣고 소금으로 간한 뒤 한소끔 끓여 마무리.

손님 초대상에 올려 오래 이야기를 나누며 먹기 좋은 국이에요.
흰 모시조개, 초록빛 청경채, 빨간 방울토마토까지 색의 조화가 화사하고요.
고기요리에 곁들이면 느끼함도 잡아줘요.

방울토마토모시조개국 알록달록 고운 빛깔

FOR 2

필수 재료 모시조개(150g), 방울토마토(10개=150g), 청경채(1~2포기), 마늘(1쪽)
양념 소금(0.3), 후춧가루(약간)

모시조개는 소금물(물3컵+소금1)에 담가 어두운 곳에서 2시간 이상 해감한 뒤 바락바락 비벼 씻고,

방울토마토는 꼭지를 떼고 반으로 가르고,

청경채는 밑동을 잘라 한입 크기로 썰고, 마늘은 채 썰고,

모시조개에 물(4컵)에 넣고 중간 불로 입이 벌어질 때까지 끓이고,

방울토마토를 넣어 3분간 끓이고,

채 썬 마늘, 청경채를 넣고 소금으로 간한 뒤 후춧가루를 넣고 마무리.

겨울에만 즐길 수 있는 매생이, 놓치지 말아야죠.
매생이는 물에 넣고 체를 흔들어가며 씻어요.
너무 많이 넣으면 농도가 되직해지니 주의!
굴 대신 홍합을 넣고 끓여도 맛있어요.

매생이굴국 놓칠 수 없는 겨울 별미

FOR 3

필수 재료 매생이(1컵), 생굴(1.5컵)
육수 재료 물(4컵), 국물용 멸치(10마리), 다시마(10×5cm)
양념 소금(0.4), 참치액(1), 국간장(0.5), 다진 마늘(0.3)

01 냄비에 **육수 재료**를 넣고 끓어오르면 다시마를 건지고 중간 불에서 10분간 더 끓여 멸치도 체로 거르고,

02 매생이는 고운 체에 밭쳐 물에 흔들어 씻고 물기를 꼭 짠 뒤 2~3등분하고,

등분해야 먹을 때 뭉치지 않아요.

03 굴은 소금물(물3컵+소금0.5)에 흔들어 씻어 물기를 빼고,

04 육수(3½컵)에 굴을 넣어 살짝 오그라들며 익으면 매생이를 넣고,

05 끓기 시작하면 참치액(1)과 국간장(0.5), 다진 마늘(0.3)을 넣고 한소끔 끓여 마무리.

국 끓이기가 이렇게 쉬워도 되나요? 3분이면 뚝딱 완성돼요.
달걀이 부드럽게 익으면 바로 불을 끄는 것이 포인트!
볶음밥과 특히 잘 어울린답니다.

달걀김국 3분이면 완성

FOR 2

필수 재료 김(2장), 달걀(2개), 쪽파(2대)
양념 소금(약간), 참치액(1.5), 후춧가루(약간)

01 김은 불에 앞뒤로 구워 비닐 백에 넣고 잘게 부수고,

02 달걀은 소금(약간)을 넣어 풀고,

03 쪽파는 3cm 길이로 자르고,

04 냄비에 물(4컵)을 부어 끓어오르면 참치액(1.5), 소금(약간)으로 간하고,

달걀물을 젓지 말고 자연스럽게 익도록 그냥 두세요.

05 중간 불로 줄여 젓가락을 대고 달걀물을 흘려 넣고,

소면을 삶아 말아 먹어도 좋아요.

06 달걀이 불투명하게 익으면 불을 끄고 부순 김, 쪽파, 후춧가루를 넣어 마무리.

봄에 안 먹으면 서운한 보양식이에요.
야들야들한 도다리와 구수한 된장, 향긋한 쑥의 조화가 예술이죠.
쑥은 넣고 살짝만 익혀야 향도 살고 질겨지지 않아요.

도다리쑥국 봄맛이 보양식

FOR 2

필수 재료 도다리(1마리=500g), 대파(15cm), 홍고추(1개), 쑥(1줌)
육수 재료 물(4컵), 무(1토막=150g), 다시마(10×5cm)
양념 된장(1), 국간장(1), 소금(약간), 후춧가루(약간), 다진 마늘(0.5)

머리도 버리지 말고 함께 넣어야 국물 맛이 더 시원해요.

01 도다리는 지느러미를 잘라내고 비늘을 긁고 내장을 뺀 뒤 세로로 길게 갈라 먹기좋게 6~8등분하고,

02 무는 납작하게 나박 썰고, 대파와 홍고추는 어슷 썰고,

03 냄비에 **육수 재료**를 넣고 끓어오르면 다시마를 건지고 중간 불에서 5분간 더 끓이고,

04 된장을 풀고 도다리를 넣은 뒤 국간장, 소금, 후춧가루로 간하고,

05 다진 마늘, 대파, 고추를 넣고 쑥을 넣어 한소끔 끓여 마무리.

홍합을 넣어 바다 내음 물씬 나는 미역국이에요.
마른 미역은 10배까지 불어나니 불리기 전에 양을 잘 조절하시고요.
홍합은 입을 벌리면 부피가 커지니깐 큰 냄비에 넣고 끓이세요.

홍합미역국 한 그릇에 담은 바다의 맛

FOR 2

필수 재료 홍합(500g), 마른 미역(15g)
양념 국간장(1), 참치액(1.5), 다진 마늘(0.5)

01 홍합은 수염을 떼고 바락바락 비벼가며 깨끗이 씻어 헹구고,

02 미역은 10배의 물에 부드럽게 불려 물기를 짠 뒤 여러 번 주물러 씻어 먹기 좋게 등분하고,

03 홍합에 물(4컵)을 붓고 불에 올려 홍합이 입을 벌릴 때까지 끓이고,

04 홍합은 건져 살만 바르고, 그 국물에는 미역을 넣어 끓이고,

05 국간장, 참치액, 다진 마늘을 넣고 미역이 부드러워지면 홍합살을 넣어 한소끔 끓여 마무리.

미역국은 먹고 싶은데 마땅한 재료가 없다고요? 그럼 들깻가루를 더해보세요.
든든하고 진한 맛에 소고기미역국이 부럽지 않습니다.
고소한 들깻가루가 어우러져 아이들도 참 좋아해요.

들깨미역국 고기 없이도 맛있어

FOR 2

필수 재료 마른 미역(15g), 거피 들깻가루(½컵)
양념 들기름(2), 다진 마늘(0.5), 국간장(1), 참치액(1.5)

01

미역은 10배의 물에 부드럽게 불려 물기를 짠 뒤 여러 번 주물러 씻어 물기를 꼭 짠 뒤 먹기 좋게 등분하고,

02
냄비에 들기름, 다진 마늘을 넣고 중간 불로 30초간 볶다가 미역과 국간장을 넣어 3분간 나른하게 볶고,

03

물(4컵)을 붓고 끓으면 들깻가루를 넣어 끓이고,

04

참치액을 넣은 뒤 부족한 간은 소금으로 맞추고 한소끔 끓여 마무리.

몸이 으슬으슬 춥고 떨리는 날
구수한 황태들깨미역국 한 그릇이면 몸도 마음도 따뜻해져요.
황태로 맛을 낸 뽀얀 국물에 고소한 들깻가루,
시원한 미역까지 더해지니 아쉬울 게 뭐가 있겠어요.

황태들깨미역국 구수하고 깊은 맛

FOR 2

필수 재료 황태포(2줌), 마른 미역(10g), 거피 들깻가루(⅓컵)
양념 참기름(1), 국간장(2), 다진 마늘(0.5), 소금(0.1), 후춧가루(약간)

01. 황태포는 큰 것은 가위로 자른 뒤 물(4컵)에 잠시 담가 부드러워지면 건져 물기를 짜고, 황태 불린 물은 그대로 두고,

02. 중간 불로 달군 냄비에 참기름을 두르고 황태가 오그라들 때까지 볶고,

03. 미역을 넣고 고루 볶다가 황태 불린 물(4컵)과 황태를 넣어 끓이고,

04. 국간장, 다진 마늘을 넣고 미역이 부드러워질 때까지 끓이고,

05. 들깻가루, 후춧가루를 넣고 부족한 간은 소금으로 맞춰 마무리.

뭐니 뭐니 해도 미역국엔 쇠고기를 넣어야죠! 잘게 썬 쇠고기를 달달 볶아도 좋지만 덩어리로 충분한 육수를 내서 끓이면 국물이 더 시원하고 깔끔해요. 고기는 결 따라 찢어 푸짐하게 곁들이시고요.

쇠고기미역국 미역국의 기본

FOR 2

필수 재료 쇠고기 양지머리(150g), 마른 미역(15g)
고기 삶는 재료 대파잎(1대), 마늘(2쪽), 통후추(0.2)
양념 참기름(1), 국간장(2), 다진 마늘(1), 소금(약간)

PLUS TIP
잘게 자른 쇠고기를 이용할 경우에는 참기름, 마늘에 고기를 먼저 볶아 익힌 뒤 미역, 국간장을 넣고 볶아 물을 붓고 끓여요. 이때 사용하는 고기는 오래 익혀야 하는 양지머리보다는 등심처럼 부드러운 고기가 좋아요.

01. 쇠고기는 2~3등분해 물(6컵)을 붓고 끓으면 **고기 삶는 재료**를 넣은 뒤 뚜껑을 열어 젓가락이 쑥 들어갈 때까지 중약 불로 익히고,

쇠고기는 찬물에 1~2시간 담가 핏물을 빼고 사용해요.

02. 쇠고기가 부드럽게 익으면 건져 결대로 찢고,

03. 미역은 10배의 물에 부드럽게 불려 물기를 짠 뒤 여러 번 주물러 씻어 물기를 꼭 짠 뒤 먹기 좋게 썰고,

04. 중간 불로 달군 냄비에 참기름을 두르고 미역과 국간장을 넣어 나른하게 볶고,

05. 육수(4컵)와 찢은 고기를 넣고 끓이고,

06. 미역이 충분히 부드럽게 어우러질 때까지 끓이다 다진 마늘을 넣고 부족한 간은 소금으로 맞춰 마무리.

고춧가루 넣고 얼큰하게 끓인 오징어뭇국이에요.
국에 오징어를 넣을 땐 숟가락으로 떠먹기 좋은 크기로 썰어요.
그래야 국물 맛도 잘 우러나고 먹기도 편하답니다.

오징어뭇국 칼칼하게 끓인

FOR 2

필수 재료 오징어(1마리=250g), 무(1토막=150g), 대파(15cm)
육수 재료 물(4컵), 국물용 멸치(10마리), 다시마(10×5cm)
양념 고춧가루(1), 국간장(1.5), 소금(0.2), 다진 마늘(0.5), 후춧가루(약간)

01 냄비에 **육수 재료**를 넣고 끓어오르면 다시마를 건지고 중간 불에서 10분간 더 끓여 멸치도 체로 거르고,

02 오징어는 내장, 눈, 입을 제거하고 깨끗이 씻어 세로로 반 가른 뒤 1cm 두께로 썰고,

03 무는 3×3cm 크기로 나박 썰고, 대파는 어슷 썰고,

04 육수(4컵)에 무를 넣고 반쯤 익으면 오징어, 고춧가루, 국간장을 넣어 끓이고,

05 오징어가 불투명해지면 소금으로 간한 뒤 다진 마늘, 대파, 후춧가루를 넣고 한소끔 끓여 마무리.

언제 먹어도 질리지 않는 우리 집 단골 메뉴!
끓이면서 위에 뜨는 거품을 잘 걷어내야 국물이 더 깔끔하고 시원해요.
먹기 직전 고춧가루를 살짝 뿌리면 또 별미랍니다.

쇠고기뭇국 누구나 좋아하는

FOR 2

필수 재료 쇠고기 양지머리(150g), 무(2토막=300g), 대파(1대)
밑양념 청주(1), 다진 마늘(0.3), 후춧가루(약간)
양념 참기름(1), 국간장(1), 다진 마늘(0.3), 소금(0.3), 후춧가루(약간)

쇠고기는 납작 썰어 **밑양념**에 재우고,

무는 나박 썰고, 대파는 길게 반 갈라 무와 같은 길이로 썰고,

중간 불로 달군 냄비에 참기름을 둘러 쇠고기를 볶고,

쇠고기가 익으면 무를 넣고 2분간 볶다가 물(4컵)을 넣어 끓이고,

무가 투명하게 익으면 국간장, 다진 마늘을 넣고 소금, 후춧가루로 간한 뒤 대파를 넣고 한소끔 끓여 마무리.

끓어오르며 생기는 거품은 바로바로 걷어주세요.

매콤한 국물이 먹고 싶은데 육개장은 들어가는 재료도 많고 끓이기 번거롭다고요?
고춧가루 팍팍 넣고 끓인 뭇국을 추천해요.
쇠고기는 충분히 볶은 뒤 물을 붓고 끓여야 잡내가 사라지고 맛도 좋아요.

매운쇠고기뭇국 얼큰해서 더 맛있는

FOR 2

필수 재료 쇠고기 양지머리(150g), 무(1⅓토막=200g), 대파(1대)
선택 재료 양파(½개)
밑양념 청주(1), 다진 마늘(0.3), 후춧가루(약간)
양념 참기름(1), 고춧가루(2), 국간장(2), 다진 마늘(0.3), 소금(0.2), 후춧가루(약간)

01 쇠고기는 납작 썰어 **밑양념**에 재우고,

02 무는 나박 썰고, 양파는 1cm 폭으로 채 썰고, 대파는 길게 반 갈라 무와 같은 길이로 썰고,

03 냄비에 참기름을 두르고 쇠고기를 볶고,

04 쇠고기가 익으면 무와 양파를 넣어 볶고,

05 고춧가루를 넣고 고르게 색이 나게 볶은 뒤 물(4컵)을 붓고,

06 무가 투명하게 익으면 국간장, 다진 마늘을 넣고 소금, 후춧가루로 간한 뒤 대파를 넣고 한소끔 끓여 마무리.

끓어오르며 생기는 거품은 바로바로 걷어주세요.

달큰한 국물에 아들아들 부드러운 얼갈이배추를 건져 먹는 재미가 있어요.
멸치육수와도 잘 어울리지만 쇠고기와 만나면 더 고급스러워요.
든든한 한끼로도 손색없는 국물요리라 보양이 필요한 날, 특히 추천해요.

쇠고기얼갈이배춧국 든든한 아침으로

FOR 2

필수 재료 쇠고기 양지머리(200g), 얼갈이배추(300g), 대파(1대)
얼갈이양념 된장(2), 다진 마늘(0.5), 후춧가루(약간), 국간장(적당량)

젓가락으로 찔러보아 쑥 들어갈 때까지 부드럽게 끓여요.

01 쇠고기는 겉의 기름기를 없앤 뒤 물(8컵)에 넣고 끓으면 중약 불로 30분간 끓이고,

02 끓는 소금물(물6컵+소금1)에 얼갈이배추를 뿌리 쪽부터 넣고 삶아 찬물에 헹군 뒤 물기를 꼭 짜 먹기 좋게 등분하고,

쇠고기는 찬물에 1~2시간 담가 핏물을 빼고 사용해요.

03 쇠고기는 건져 결 반대 방향으로 납작 썰고, 대파는 어슷 썰고,

04 얼갈이배추는 **얼갈이양념**에 조물조물 무쳐 고기와 함께 끓는 육수(4컵)에 넣어 끓이고,

05 국간장으로 간하고 대파를 넣어 한소끔 끓여 마무리.

좀 번거로워도 한 번 끓이면 두고두고 먹을 수 있는 곰국이에요.
사골은 핏물을 충분히 뺀 뒤 한 번 데쳐 냄새와 기름기를 제거해요.
그래야 국물이 깔끔하고 진하답니다.
뚜껑을 계속 열고 끓여야 잡내가 날아가요

사골곰국

정성 들인 만큼 깊은 맛

FOR 2

필수 재료 사골(2kg), 잡뼈(1kg), 쇠고기 사태나 양지머리(300g), 대파(1대)
양념 소금(적당량), 후춧가루(적당량)

01 사골과 잡뼈는 찬물에 담가 물을 2~3번 바꿔가며 8시간 정도 핏물을 빼고,

02 큰 냄비에 넣고 물을 잠길 만큼 부은 뒤 뚜껑을 열어 물이 끓으면 5분 정도 데쳐 찬물에 헹군 뒤 다시 냄비에 담고,

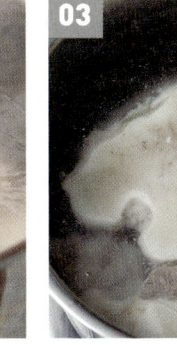

03 물(8ℓ)을 붓고 센불에서 끓기 시작하면 중약 불로 6~7시간 동안 끓여 국물만 따라내고,

04 찬물(8ℓ)을 부어 같은 방법으로 끓인 뒤 다시 국물을 따라내고 찬물(5ℓ)과 사태를 넣어 끓이고,

> 고기는 1시간 이상 익히면 맛이 떨어져요.

05 1시간 정도 끓여 고기가 부드러워지면 건져 면보로 꼭꼭 눌러 싸 무거운 것으로 눌러두고, 국물은 3~4시간 끓이고,

> 차가운 곳에 두면 위에 기름만 굳어 건어내기 쉬워요. 여름철에는 식은 곰국 위에 얼음주머니를 가져다 대면 기름이 굳으며 들러붙어 제거하기 쉬워요.

06 뼈를 버리고 1, 2, 3차로 끓인 국물을 모두 모아 다시 끓인 뒤 위에 뜬 기름을 모두 건어내고,

> 대파는 미리 송송 썰어 준비해주세요.

07 고기는 결 반대 방향으로 얇게 썬 뒤 곰국에 송송 썬 대파, 편육, 소금, 후춧가루를 곁들여 마무리.

부드럽게 삶은 우거지와 쇠고기 양지머리를 넣고 푹 끓이면
한 그릇만으로 맛과 영양에 부족함이 없어요.
우거지는 조물조물 양념해 넣어야 제맛이 난답니다.

우거지해장국 힘나는 한 그릇

FOR 2

필수 재료 쇠고기 양지머리(150g), 삶은 우거지(200g), 대파(2대)
양념 고춧가루(1), 된장(2), 다진 마늘(0.5)+후춧가루(약간)

> 쇠고기는 찬물에 1~2시간 담가 핏물을 빼고 사용해요.

01 쇠고기 양지머리는 물(5컵)에 넣고 끓으면 중약 불에서 40분간 끓이고,

02 고기는 건져 베보자기로 감싸 무거운 것으로 눌러두고, 국물은 기름기를 걷어내고,

03 우거지는 겉의 질긴 섬유질을 벗겨낸 뒤 6~7cm 길이로 잘라 물기를 꼭 짜고,

04 대파는 ¼은 고명용으로 송송 썰고, 나머지는 어슷 썰고,

05 우거지에 **양념**을 넣어 버무리고,

> 그릇에 담고 송송 썬 대파를 곁들여도 좋아요.

06 끓는 육수(4컵)에 우거지를 넣고 끓인 뒤 대파와 얇게 썬 고기를 곁들여 마무리.

간단해 보여도 은근히 맛내기 어려운 냉국.
어떤 냉국이든 다 사용할 수 있는 국물을 소개합니다.
얼음을 서너 개 정도 넣었을 때가 맛이 가장 좋아요.

미역오이냉국 냉국의 기본

FOR 2

필수 재료 오이(½개), 홍고추(½개), 마른미역(½컵=8g)
미역 밑간 국간장(0.3)+다진 마늘(0.2)
냉국 국물 생수(3컵)+소금(1)+설탕(4)+식초(½컵)

01 오이는 채 썰고, 홍고추는 반 갈라 씨를 빼 채 썰고,

02 미역은 넉넉한 찬물에 담가 부드럽게 불린 뒤 3cm 길이로 썰어 **미역 밑간**에 버무리고,

03 **냉국 국물**을 섞어 설탕과 소금이 녹도록 충분히 저어주고,

먹기 전 얼음을 더하면 더 시원해요.

04 미역과 오이를 넣고 고루 섞은 뒤 냉장고에 차게 두어 마무리.

빨간 토마토를 넣은 오이냉국은 맛도 맛이지만 화려한 빛깔이 식욕을 돋워요.
흰색 그릇에 담으면 더 예쁩니다.
삶은 소면을 곁들이면 더운 여름 간단한 한 끼 식사로도 좋아요.

토마토오이냉국 입맛 도는 비주얼

> 토마토는 단단한 것으로 준비해요.

FOR 2

필수 재료 쪽파(1대), 오이(½개), 토마토(1개)
냉국 국물 생수(3컵)+소금(1)+설탕(4)+식초(½컵)

쪽파는 송송 썰고, 오이는 채 썰고,

토마토는 한입 크기로 썰고,

냉국 국물을 섞어 설탕과 소금이 녹도록 충분히 저어주고,

> 먹기 전 얼음을 더하면 더 시원해요.

오이와 토마토에 냉국 국물을 붓고 고루 섞은 뒤 냉장고에 차게 두어 마무리.

PART
03

보글보글
밥맛 살리는
찌개

냉장고는 텅 비었고 있는 거라곤 익은 배추김치 밖에 없다면 멸치김치찌개가 정답이에요.
깔끔한 육수와 어우러져 밥도둑이 요기 있네요.
김치는 기름에 오래 볶아야 맛과 식감이 좋아진답니다.

멸치김치찌개 담백하게 끓인

FOR 2

필수 재료 두부(⅓모), 청양고추(1개), 대파(1대), 익은 배추김치(300g)
육수 재료 물(3컵), 국물용 멸치(8마리), 다시마(10×5cm)
양념 설탕(0.2), 다진 마늘(0.3), 소금(약간), 김칫국물(3), 후춧가루(약간)

01 냄비에 **육수 재료**를 넣고 끓어오르면 다시마를 건지고 중간 불에서 10분간 더 끓여 멸치도 체로 거르고,

02 두부는 한입 크기로 납작 썰고, 고추와 대파는 어슷 썰고,

03 김치는 밑동을 잘라낸 뒤 길게 반으로 갈라 3cm 폭으로 썰고,

충분히 볶아야 김치가 부드럽고 맛있어져요.

04 냄비에 식용유(1)를 두르고 김치를 투명한 느낌이 나도록 3분간 볶고,

05 육수(3컵)과 김칫국물을 넣고 5분간 끓이다 두부를 넣고,

06 대파, 고추와 나머지 **양념**을 넣고 가볍게 끓여 마무리.

김치찌개에 콩비지를 더하면 영양도 영양이지만 맛도 정말 좋아요.
밥에 슥슥 비벼 먹으면 다른 반찬이 필요 없답니다.
비지는 한 번에 넣지 말고 농도를 봐가면서 조금씩 추가하세요.

콩비지김치찌개 고소하고 든든한

FOR 2

필수 재료 익은 배추김치(150g), 돼지고기(100g), 대파(15cm), 콩비지(1컵)
선택 재료 청양고추(1개), 양파(½개)
육수 재료 물(3½컵), 국물용 멸치(9마리), 다시마(10×5cm)
밑간 청주(1)+다진 생강(0.2)+후춧가루(약간)
양념 김칫국물(3), 다진 마늘(0.3), 고춧가루(1), 새우젓(0.3), 소금(약간), 후춧가루(약간)

냄비에 **육수 재료**를 넣고 끓어오르면 다시마를 건지고 중간 불에서 10분간 더 끓여 멸치도 체로 거르고,

김치는 밑동을 잘라낸 뒤 길게 반으로 갈라 3cm 폭으로 썰고, 돼지고기는 한입 크기로 납작 썰어 **밑간**에 버무리고, 대파와 고추는 어슷 썰고, 양파는 채 썰고,

냄비에 식용유(1)를 두르고 돼지고기를 넣고 볶다가 익으면 김치와 양파를 넣어 볶고,

김치와 양파가 반투명해지면 육수(3컵)와 김칫국물을 넣어 끓이고,

다진 마늘, 고춧가루, 콩비지를 넣어 어우러지게 끓이고, 새우젓과 소금으로 간하고,

대파와 청양고추, 후춧가루를 넣고 가볍게 끓여 마무리.

말이 필요 없는 국민 찌개! 된장찌개 싫어하는 사람도 있나요?
집에서 담근 재래식 된장을 쓴다면 육수에 바로 된장을 풀어 넣어요.
오래 끓일수록 제맛이 난답니다.

된장찌개 한국인의 소울푸드

FOR 2

필수 재료 애호박(¼개), 양파(½개), 두부(¼모=75g), 감자(1개), 청양고추(2개), 대파(15cm)
육수 재료 물(3½컵), 국물용 멸치(9마리), 다시마(10×5cm)
양념 된장(3), 다진 마늘(0.5), 고춧가루(0.3)

01 냄비에 **육수 재료**를 넣고 끓어오르면 다시마를 건지고 중간 불에서 10분간 더 끓여 디포리와 멸치도 체로 거르고,

02 애호박, 양파, 두부, 감자는 사방 1.2cm로 깍둑 썰고,

감자는 껍질을 벗겨 준비해요.

03 청양고추와 대파는 1cm 폭으로 송송 썰고,

04 육수(3컵)에 감자를 넣고 가장자리가 투명해지면 양파, 애호박을 넣어 끓이고,

05 거품을 걷어내고 된장(3)을 푼 뒤 두부와 고춧가루(0.3)를 넣어 중간 불에서 7분간 끓이고,

06 양파가 투명해지면 고추, 대파와 다진 마늘을 넣고 가볍게 끓여 마무리.

된장과 고추장을 함께 넣고 진득하게 끓인 강된장이에요.
입맛 없을 때 밥에 비벼 먹으면 순식간에 밥 한 공기 뚝딱!
물기 없이 빡빡하게 끓이면 쌈채소와 곁들이는 쌈장으로도 그만이랍니다.

강된장찌개 쌈과 찰떡궁합

FOR 3

필수 재료 쇠고기 목심(100g), 불린 표고버섯(4개), 풋고추(1개), 대파(1대)
선택 재료 홍고추(½개)
양념 다진 파(0.3), 다진 마늘(0.2), 후춧가루(약간), 참기름(0.3)
양념장 된장(2.5)+고추장(0.8)+꿀(0.5)+참기름(0.3)

표고버섯 불린 물(1⅓컵)은 버리지 말고 남겨두세요.

쇠고기와 표고버섯은 곱게 채 썰어 **양념**에 무쳐두고,

고추, 대파는 송송 썰고,

양념장은 표고버섯 불린 물(1⅓컵)과 섞고,

뚝배기를 달궈 쇠고기와 표고버섯을 넣고 쇠고기가 익을 때까지 볶고,

양념장을 넣고 중간 불에서 국물이 자작해질 때까지 끓이고,

약한 불로 조리듯이 끓이다 고추와 파를 넣고 고루 섞어 마무리.

쫀득하게 씹히는 우렁이와 향긋한 냉이의 조화가 봄철 잃었던 입맛을 살려줘요.
우렁살은 반드시 술에 버무려 사용해야 비린 맛이 나지 않아요.
우렁살과 냉이는 맛과 향이 죽지 않도록 마지막에 넣어요.

01

냄비에 **육수 재료**를 넣고 끓어오르면 다시마를 건지고 중간 불에서 10분간 더 끓여 멸치도 체로 거르고,

우렁냉이된장찌개 <small>건더기가 푸짐한</small>

FOR 2

필수 재료 우렁살(100g), 냉이(2줌=100g), 애호박(¼개), 양파(½개), 대파(15cm)
선택 재료 두부(¼모=75g), 청양고추(1개)
육수 재료 물(3½컵), 국물용 멸치(9마리), 다시마(10×5cm)
양념 청주(2), 된장(2.5), 고추장(0.5), 다진 마늘(0.5), 고춧가루(0.2)

02

우렁살은 청주(2)에 버무려 10분간 두고,

03

냉이는 뿌리 끝을 다듬고 깨끗이 씻은 뒤 긴 것은 반으로 가르고,

04

애호박, 양파, 두부는 사방 1cm로 깍둑 썰고, 고추와 대파는 1cm 폭으로 송송 썰고,

05

육수의 멸치를 건져낸 뒤 양파, 애호박을 넣어 양파가 투명해질 때까지 끓이고,

06

거품을 걷어내고 된장과 고추장을 푼 뒤 두부와 고춧가루를 넣어 4~5분간 끓이고,

07

우렁살, 냉이, 고추, 대파, 다진 마늘을 넣고 가볍게 끓여 마무리.

그리운 고향의 맛을 담았어요.
시래기를 듬뿍 넣고 부드러워질 때까지 끓여 밥에 비벼 먹으면
그야말로 씹을 새도 없이 꿀떡꿀떡 넘어간답니다.
청양고추가 맛을 살리는 포인트이니 잊지 마세요.

멸치시래기된장찌개 소박하고 정겨운 맛

FOR 2

필수 재료 불린 시래기(200g), 대파(15cm), 청양고추(2개), 홍고추(1개)
육수 재료 물(3½컵), 국물용 멸치(10마리), 다시마(10×5cm)
양념 된장(3), 다진 마늘(0.5)

01 냄비에 **육수 재료**를 넣고 끓어오르면 다시마를 건지고 중간 불에서 10분간 더 끓여 멸치도 체로 거르고,

02 부드럽게 불린 시래기는 6~7cm 길이로 썰고,

03 대파는 세로로 길게 갈라 4cm 길이로 썰고, 고추는 송송 썰고,

04 멸치를 건져낸 뒤 된장을 풀고 시래기를 넣어 부드러워질 때까지 끓이고,

05 다진 마늘, 대파, 고추를 넣고 가볍게 끓여 마무리.

구워먹고 남은 차돌박이가 있다면 고민할 것도 없이 된장찌개를 끓이세요.
차돌박이는 너무 일찍 넣으면 질겨지니
마지막에 넣고 야들야들해질 정도로만 익혀요.

차돌박이된장찌개 더 깊어진 감칠맛

FOR 2

필수 재료 두부(¼모=75g), 양파(½개), 생표고버섯(2개), 애호박(¼개), 청양고추(2개), 대파(1대), 차돌박이(150g)

양념 된장(3), 다진 마늘(0.5), 고춧가루(0.3)

01 두부, 양파, 표고버섯, 애호박은 모두 주사위 크기로 깍둑 썰고,

02 청양고추와 대파는 1cm 폭으로 썰고,

03 물(3컵)을 중간 불에 올려 끓으면 양파, 버섯, 애호박을 넣어 끓이고,

04 다시 끓어오르면 거품을 걷고 된장을 푼 뒤 두부와 고춧가루를 넣고,

05 채소가 익으면 차돌박이를 넣고,

06 차돌박이가 익으면 청양고추, 대파, 다진 마늘을 넣고 한소끔 끓여 마무리.

쇠고기와 두부를 듬뿍 넣어 보기만 해도 푸짐해요.
칼칼하고 진한 국물이 입에 착 붙고 다른 반찬도 필요 없답니다.
밥을 비벼 먹으면 진짜 맛있어요.

쇠고기두부찌개 밥 비벼 먹기 좋은

FOR 2

필수 재료 쇠고기 등심(100g), 두부(중모=200g), 양파(½개), 대파(1대)
밑간 국간장(0.5)+다진 마늘(0.3)+참기름(0.2)+후춧가루(약간)
양념 고추장(1), 고춧가루(2), 국간장(1), 소금(약간), 다진 마늘(0.3)

01 쇠고기는 5mm 폭으로 납작 썰어 **밑간** 하고,

02 두부는 직사각형 모양으로 1cm 두께로 썰고,

03 양파는 1cm 폭으로 채 썰고, 대파는 어슷 썰고,

04 중간 불로 달군 냄비에 쇠고기를 볶다가 고기 색이 변하면 양파를 넣고,

05 양파가 투명해지면 물(3컵)을 넣고 끓으면 고추장, 고춧가루, 국간장, 두부를 넣고,

06 부족한 간을 소금으로 맞추고 다진 마늘, 대파를 넣고 한소끔 끓여 마무리.

청국장은 오래 넣고 끓이면 맛도 덜하고 영양도 덜해요.
충분히 육수를 내고 김치와 채소가 부드럽게 익은 뒤 청국장은 마지막에!
1~2분만 더 끓여도 충분해요.

청국장찌개 오래 끓이지 마세요

FOR 2

필수 재료 청국장(¾컵=150g), 익은 배추김치(2컵), 두부(¼모=75g), 대파(1대), 청양고추(1개)
선택 재료 애호박(¼개), 양파(½개), 홍고추(½개)
육수 재료 물(3½컵), 국물용 멸치(9마리), 다시마(10×5cm)
양념 김칫국물(¼컵), 된장(1), 다진 마늘(0.5), 고춧가루(0.3)

01 냄비에 **육수 재료**를 넣고 끓어오르면 다시마를 건지고 중간 불에서 10분간 더 끓여 멸치도 체로 거르고,

02 김치는 송송 썰고, 두부, 애호박, 양파는 사방 1cm로 깍둑 썰고, 대파와 고추는 송송 썰고,

03 육수(3컵)에 김치와 김칫국물을 넣고 김치가 투명해질 때까지 끓이고,

04 된장을 풀고 양파, 애호박, 홍고추를 넣고, 양파가 투명하게 익으면 청국장과 다진 마늘, 고춧가루를 넣고,

05 양파가 반투명해지면 두부와 대파, 청양고추를 넣어 한소끔 끓여 마무리.

> 칼칼한 맛을 더하는 청양고추는 맨 마지막에 넣어요.

> 간이 부족할 땐 소금이나 국간장으로 맞춰요.

117

매운맛을 빼고 하얗게 끓인 순두부찌개는 시원함을 두 배로 느낄 수 있어요.
아침 식사로도 좋고 속이 불편할 때 추천! 어린 아이들에게도 좋은 영양식이랍니다.

바지락백순두부찌개 맵지 않고 담백한

FOR 2

필수 재료 애느타리버섯(2줌=100g), 대파(1대), 해감한 바지락(150g), 새우살(½컵), 순두부(1봉=350g)
양념 새우젓(1), 다진 마늘(0.3), 소금(약간)

01 애느타리버섯은 낱낱이 가르고, 대파는 어슷 썰고,

바지락 해감 방법은 45쪽을 참고하세요

02 해감한 바지락은 바락바락 문질러 씻은 뒤 냄비에 넣고 물(2컵)을 부어 끓이고,

03 바지락이 입을 벌리면 새우살을 넣고 끓이고,

04 버섯을 넣고 순두부를 뚝배기에 넣은 뒤 큼직하게 등분하고,

부족한 간은 소금으로 맞춰요

05 끓어오르면 새우젓, 다진 마늘을 넣고,

달걀물을 추가해도 좋아요

06 대파를 넣고 불을 꺼 마무리.

들깨와 순두부가 조화롭게 어우러진 부드럽고 구수한 맛이 일품!
남은 버섯이 있다면 함께 넣고 끓여 보세요. 맛과 식감이 더욱 풍성해진답니다.

들깨순두부찌개 어쩜 이리 고소해?

FOR 2

필수 재료 표고버섯(2개), 애느타리버섯(1줌=50g), 양파(¼개), 대파(1대), 순두부(1봉=350g)
육수 재료 물(3½컵), 국물용 멸치(9마리), 다시마(10×5cm)
양념 국간장(1), 들깻가루(4), 다진 마늘(0.5), 소금(약간), 후춧가루(약간)

01 냄비에 **육수 재료**를 넣고 끓어오르면 다시마를 건지고 중간 불에서 10분간 더 끓여 멸치도 체로 거르고,

02 표고버섯은 3mm 두께로 납작 썰고, 애느타리버섯은 낱낱이 가르고,

03 양파는 채 썰고, 대파는 길게 갈라 4cm 길이로 썰고,

04 육수의 멸치를 건져낸 뒤 버섯과 양파를 넣어 끓이고,

05 양파가 반투명해지면 국간장(1)으로 간하고 들깻가루를 넣어 3~4분간 끓이고,

순두부는 중앙을 잘라 냄비에 넣고 수저로 큼직하게 등분해요.

06 순두부, 다진 마늘, 대파를 넣고 소금, 후춧가루로 간을 맞춰 마무리.

기본 중의 기본인 해물순두부찌개는 무슨 말이 필요할까요?
얼큰하고 시원한 해물로 국물을 낸 만큼 그 향만 맡아도,
보글보글 끓는 모습만 봐도 입맛이 제대로 살아나요.

해물순두부찌개 해산물을 듬뿍 넣은

FOR 2

필수 재료 바지락(150g), 순두부(1봉=350g), 대파(15cm)
선택 재료 생굴(100g), 새우(중하 4마리), 오징어(1마리), 달걀(2개)
양념 소금(1.3), 고춧가루(1.5), 국간장(1.5), 생강즙(0.3), 식용유(1.5), 다진 마늘(0.5)

01
바지락은 소금물(물3컵+소금1)에 담가 어두운 곳에 2시간 두어 해감한 뒤 깨끗이 비벼 씻고,

02

굴은 소금물(물3컵+소금0.3)에 흔들어 씻어 물기를 빼고, 새우는 등을 구부려 두 번째 마디에 이쑤시개로 찔러 내장을 빼고,

03

오징어는 껍질을 벗긴 뒤 양쪽 사선으로 칼집을 넣어 한입 크기로 자르고,

04

센 불에서 고춧가루를 볶으면 쉽게 탈 수 있으니 주의하세요.

고춧가루, 국간장, 생강즙을 섞은 뒤 식용유(1)를 두른 뚝배기에 넣어 약한 불로 1분간 볶아 고추기름을 내고,

05

바지락과 오징어, 새우를 넣고 볶다가 물(2컵)을 부어 끓이고,

06

식성에 따라 계란 추가해도 좋아요.

순두부를 넣고 3분간 끓인 뒤 굴과 다진 마늘을 넣고 소금, 후춧가루로 간한 뒤 어슷 썬 대파를 넣어 마무리.

부대찌개에만 햄과 치즈가 들어가는 건 아니에요.
언제나 냉장고에 있는 이 두 가지 흔한 재료가
얼큰한 순두부에 감칠맛을 더해준답니다.
아이들의 입맛에도 딱이에요.

햄치즈순두부찌개 아이들이 좋아하는

FOR 2

필수 재료 통조림 햄(1캔=100g), 소시지(2개), 대파(1대), 순두부(1봉=350g), 슬라이스치즈(1장)
선택 재료 양파(½개), 달걀(2개)
양념장 고춧가루(1.5)+국간장(1.5)+참기름(0.5)+다진 마늘(0.5)
양념 다진 대파(2), 후춧가루(약간)

통조림 햄과 소시지는 한입 크기로 납작 썰고,

대파는 어슷 썰고, 양파는 3mm 폭으로 채 썰고,

냄비에 식용유(2)를 둘러 다진 대파를 향이 나게 볶다가 양파를 넣고,

양파가 노릇해지면 **양념장**을 넣고 볶아 매운 향이 올라오면 물(2컵)을 붓고,

끓으면 햄과 소시지를 넣고 끓이다 순두부를 넣은 뒤 숟가락으로 큼직하게 자르고,

국물이 어우러지면 다진 대파, 달걀, 후춧가루를 넣고 치즈를 얹은 뒤 불을 꺼 마무리.

냉장실에 오래 된 명란젓이 있다면 찌개에 활용해보세요.
콩나물로 시원하게 우려낸 담백하고 맑은 국물에, 매콤한 명란젓과
부드러운 순두부를 가득 넣으니 영양도 맛도 부족함이 없네요.

순두부명란찌개 명란이 오동통

FOR 2

필수 재료 대파(1대), 청양고추(1개), 홍고추(½개), 명란젓(2쪽)
콩나물(1줌=50g), 순두부(1봉=350g)
육수 재료 물(2½컵), 무(⅔토막=100g), 다시마(10×5cm)
양념 새우젓(1), 다진 마늘(0.3), 후춧가루(약간)

01 무는 나박 썰고, 대파와 고추는 어슷 썰고,

02 명란젓은 양념을 가볍게 털어 2cm 폭으로 썰고,

03 냄비에 **육수 재료**를 넣어 끓으면 다시마는 건진 뒤 콩나물을 넣고,

04 4분 정도 익힌 뒤 새우젓을 넣고 순두부와 명란젓을 넣고,

05 명란이 어느 정도 익으면 다진 마늘, 대파, 고추를 넣고 후춧가루를 넣어 마무리.

> 담아낼 때 위에 고춧가루를 살짝 뿌려 내요.

뭐니 뭐니 해도 김치찌개에는 돼지고기가 들어가야죠.
고기와 김치는 먼저 충분히 볶아야 육수 없이도 깊은 맛을 낼 수 있어요.
앞다릿살 대신 삼겹살이나 목살을 넣어도 좋아요.

돼지고기김치찌개 고기를 듬뿍

FOR 2

필수 재료 익은 배추김치(¼포기=300g), 돼지고기 앞다릿살(150g), 대파(1대)
선택 재료 두부(⅓모=100g), 청양고추(1개)
밑간 청주(1)+다진 생강(0.2)+후춧가루(약간)
양념 다진 마늘(0.3), 설탕(0.2), 소금(약간), 후춧가루(약간)

김치는 밑동을 잘라내고 길게 2등분해 3cm 폭으로 썰고,

돼지고기는 한입 크기로 납작 썰어 **밑간**에 버무리고,

두부는 한입 크기로 썰고, 청양고추와 대파는 어슷 썰고.

냄비에 식용유(1)를 둘러 돼지고기를 색이 변할 때까지 중간 불로 볶고,

김치를 넣고 볶아 반투명해지면 물(3컵)을 부어 끓이고,

김치가 나른하게 익으면 두부와 다진 마늘을 넣은 뒤 설탕, 소금으로 간하고,

대파와 청양고추, 후춧가루를 넣고 가볍게 끓여 마무리.

집에 늘 있는 김치와 통조림 참치로 끓인 만만하고 익숙한 메뉴예요.
참치 기름은 따로 빼서 김치 볶을 때 사용하시고요.
참치살은 처음부터 넣고 끓이면 살이 퍽퍽해지니 찌개가 거의 완성될 때 넣어요.

참치김치찌개 찬장 속 재료로 만든

FOR 2

필수 재료 익은 배추김치(300g), 통조림 참치(1캔=150g), 대파(1대)
선택 재료 두부(⅓모=100g), 청양고추(1개), 홍고추(½개)
양념 설탕(0.2), 고춧가루(1), 다진 마늘(0.3), 소금(약간), 후춧가루(약간)

01. 김치는 밑동을 잘라내고 길게 2등분해 3cm 폭으로 썰고,

02. 고추와 대파는 어슷 썰고, 두부는 먹기좋게 한입 크기로 썰고,

03. 통조림 참치는 뚜껑을 열고 기름만 따라내 냄비에 넣고,

04. 김치를 넣고 중간 불로 볶아 반투명해지면 물(3컵)을 부어 끓이고,

05. 김치가 익으면 참치와 두부, 다진 마늘, 고춧가루를 넣고 소금으로 간하고,

06. 대파와 고추, 후춧가루를 넣고 가볍게 끓여 마무리.

생선도 먹고 싶고 김치찌개도 먹고 싶다면 정답은 바로 이거죠.
진한 꽁치의 맛과 김치가 어우러져 없던 입맛도 살아나요.
찌개 맛을 살리는 청양고추는 꼭 넣으세요.

통조림꽁치김치찌개 조림과 찌개 사이

FOR 2

필수 재료 익은 배추김치(300g), 통조림 꽁치(1캔=400g), 대파(1대)
선택 재료 청양고추(1개), 홍고추(½개)
양념 고춧가루(1), 다진 마늘(0.3), 후춧가루(약간)

01
김치는 밑동을 잘라내고
길게 2등분해 3cm 폭으로 썰고,

02
고추와 대파는 어슷 썰고,

03
냄비에 식용유(1)를 둘러 김치를 중간 불로
볶아 반투명해지면 물(3컵)을 부어 끓이고,

뚜껑을 열고
끓여야 비린내가
날아가요.

04
김치가 부드럽게 익으면 통조림 꽁치와
국물을 넣고 뚜껑을 열어 끓이고,

김치의
신맛이 강할 때는
설탕을 약간
넣어요.

05
고춧가루(1)와 다진 마늘(0.3), 대파, 고추,
후춧가루를 넣고 한소끔 끓여 마무리.

돼지고기 고추장찌개를 끓여 땀 한번 쭉 빼면 꼭 보양식을 먹은 느낌이에요.
돼지고기는 충분히 볶아 잡내를 날려야 더 구수한 맛의 찌개가 완성된답니다.

01

돼지고기는 먹기 좋게 납작 썰어 **밑간**하고,

돼지고기고추장찌개
보양식이 부럽지 않은

FOR 2

필수 재료 돼지고기 앞다릿살(150g), 애호박(½개), 두부(½모=150g), 청양고추(1개)
선택 재료 감자(1개), 홍고추(1개), 대파(15cm), 다시마(10×5cm)
밑간 청주(1)+다진 마늘(0.3)+다진 생강(0.2)+후춧가루(약간)
양념 고추장(3), 멸치액젓(1), 다진 마늘(0.3), 후춧가루(약간)

02 호박은 감자보다 얇게 썰어요. 나중에 넣어야 색이 살아요.

감자는 껍질을 벗겨 1cm 두께로, 애호박은 5mm 두께로 반달 썰고, 두부는 직사각형 모양으로 썰고,

03

양파는 굵게 채 썰고, 고추와 대파는 어슷 썰고,

04

냄비에 식용유(0.5)를 둘러 돼지고기와 양파를 볶고,

05

고기 색이 변하면 물(3컵)을 붓고 감자, 다시마를 넣어 끓이고,

06

끓으면 다시마는 건지고 고추장, 멸치액젓을 푼 뒤 두부와 호박을 넣고,

07 부족한 간은 소금으로 맞춰요

재료가 모두 익으면 다진 마늘, 고추, 대파, 후춧가루를 넣고 끓여 마무리.

포근한 감자와 담백한 참치가 어우러져 한국인이라면 누구나 좋아할 맛의 찌개예요.
감자는 처음부터 넣고 부드럽게 익힌 뒤 참치를 넣어야 더 맛있어요.
떡볶이떡을 더해도 잘 어울리고 캠핑 요리로도 추천해요.

참치감자찌개 캠핑장 단골 찌개

FOR 2

필수 재료 감자(1개), 양파(½개), 청양고추(2개), 대파(1대), 통조림 참치(1캔=150g)
양념 고추장(2), 고춧가루(0.3), 다진 마늘(0.5), 소금(약간), 후춧가루(약간)

01 감자는 껍질을 벗겨 1cm 두께로 반달 썰고, 양파도 같은 폭으로 채 썰고,

02 청양고추와 대파는 어슷 썰고,

03 통조림 참치는 체에 밭쳐 기름은 냄비에 넣고 참치는 따로 두고,

04 냄비에 감자를 넣어 중간 불로 볶다가 모서리가 투명해지면 물(3컵)을 부은 뒤 고추장을 풀고,

참치를 넣을 때 두부를 함께 넣고 끓여도 좋아요.

05 끓으면 고춧가루, 참치, 양파를 넣고,

06 양파가 투명하게 익으면 소금으로 간한 뒤 청양고추와 대파, 다진 마늘, 후춧가루를 넣고 한소끔 끓여 마무리.

짬뽕찌개 국물이 끝내줘요

FOR 2

필수 재료 홍합(500g), 오징어(1마리), 대파(1대), 마늘(1쪽), 생강(1쪽), 배추잎(2장), 목이버섯(2개), 양파($\frac{1}{2}$개), 돼지고기(100g)
밑간 청주(0.5)+간장(0.5)+후춧가루(약간)
양념 고춧가루(3), 굴소스(1.5), 국간장(1), 소금(적당량), 후춧가루(적당량)

냉장고 속 해물, 고기, 채소까지 이런 저런 재료들을 모두 모아 끓였어요.
중국집 짬뽕보다 깔끔한 국물 맛! 면도, 밥도 잘 어울리니 취향에 맞게 곁들이세요.

청담동 단골 국찌개
보글보글 밥맛 살리는 찌개

01 홍합은 수염을 뗀 뒤 바락바락 비벼가며 깨끗이 씻어 헹구고,

02 오징어는 껍질을 벗겨 안쪽에 세로로 길게 5mm 간격으로 칼집을 넣은 뒤 칼을 뉘어 한입 크기로 썰고,

03 대파는 어슷 썰고, 생강과 마늘은 채 썰고,

04 배추는 어슷하게 편으로 썰고, 목이버섯은 물에 불려 손으로 먹기 좋게 찢고, 양파도 채 썰고,

05 돼지고기는 채 썰어 **밑간**하고,

06 깊은 팬에 식용유(1.5)를 두르고 약한 불로 마늘과 생강을 볶아 향을 낸 뒤 고기를 넣어 익을 때까지 볶고,

07 배추, 양파, 목이버섯, 고춧가루를 넣어 고루 볶고,

08 오징어, 홍합, 굴소스를 넣고 볶다가 물(4컵)을 넣어 홍합 입이 벌어질 때까지 끓이고,

09 대파를 넣고 국간장과 소금으로 간한 뒤 후춧가루를 넣어 마무리.

쉽고 빠르게 뚝딱뚝딱 만드는 푸짐한 전골요리로 이만한 게 없죠.
햄이나 소시지는 얇게 썰어야 국물 맛이 진하게 배어나요.
어묵이나 콩나물, 쑥갓 등 넣고 싶은 재료는 얼마든지 추가하세요.

부대찌개 푸짐하게 즐기는

FOR 2

필수 재료 통조림 햄(½통), 소시지(5개), 대파(1대), 김치(⅔컵), 쇠고기 다짐육(1줌=100g)
선택 재료 다시마(10×5cm), 양파(½개), 두부(⅓모=100g), 라면사리(1개), 슬라이스치즈(1장)
양념장 고춧가루(2)+고추장(1)+국간장(1)+청주(1)+다진 마늘(1)+소금(약간)+후춧가루(약간)

01

다시마는 찬물(4컵)에 20분간 담갔다가 건지고,

02

햄은 납작 썰고, 소시지는 어슷 썰고,

03

양파는 채 썰고, 대파는 어슷 썰고,

04

김치와 두부도 한입 크기로 썰고,

05

> 라면사리를 넣는다면 물을 1컵 더 넣어요.

전골 냄비에 햄, 소시지, 두부, 고기, 김치, 양파, 대파, 라면사리를 돌려 담고 **양념장**을 얹은 뒤 다시마 육수를 재료가 잠길 만큼 붓고,

06

약한 불로 줄여 끓이면서 치즈를 넣어 마무리.

닭볶음탕 먹을 때 항상 국물이 부족했나요? 그렇다면 국물이 넉넉한 찌개로 끓여보세요.
우동이나 당면사리를 넣어도 잘 어울리고요. 남은 국물에 밥을 볶아 먹어도 별미예요.

닭고기고추장찌개 국물이 넉넉한

FOR 2

필수 재료 토막 낸 닭(½마리=500g), 감자(1개), 양파(½개), 대파(1대)
선택 재료 깻잎(10장), 애느타리버섯(1줌=50g), 떡볶이떡(100g)
육수 재료 물(5컵), 무(1토막=150g), 다시마(5×5cm)
양념 고추장(3), 국간장(2), 다진 생강(0.3), 다진 마늘(1), 고춧가루(2), 소금(약간), 후춧가루(약간)

01 무는 큼직하게 썰어 준비해요.

냄비에 **육수 재료**를 넣고 끓어오르면 다시마를 건지고, 무는 10분 더 익혀 육수를 낸 뒤 건지고,

02 기름기와 핏물, 냄새를 제거해요. 뚜껑을 열어야 잡내가 날아가요.

닭은 팔팔 끓는 물에 넣고 다시 끓어오르면 3분간 삶아 건지고,

03

감자는 2cm 두께로 반달 썰고, 양파도 같은 두께로 채 썰고, 애느타리버섯은 낱낱이 가르고, 대파는 어슷 썰고,

04

육수(4컵)에 고추장을 풀고 국간장, 데친 닭고기, 감자를 넣어 끓이고,

05

끓어오르면 다진 생강, 고춧가루를 넣어 끓이고,

06

버섯과 양파, 떡을 넣고 모든 재료가 다 익으면 다진 마늘, 대파, 깻잎을 넣은 뒤 소금, 후춧가루로 간해 마무리.

추운 겨울에 특히 잘 어울리는 찌개예요.
고춧가루와 고추장을 넣고 끓여 매콤 칼칼한 국물에
오징어의 감칠맛까지 더해져 자꾸만 당기는 매력이 있네요.

오징어찌개 칼칼하고 시원한

FOR 2

필수 재료 오징어(1마리=250g), 애호박(⅓개), 홍고추(1개), 풋고추(1개), 대파(15cm), 무(1토막=150g)
선택 재료 느타리버섯(1줌=50g), 미나리(⅓줌)
양념 고추장(1), 고춧가루(2), 청주(1), 국간장(2), 다진 마늘(0.3), 소금(약간), 후춧가루(약간)

01 오징어는 내장과 눈, 입을 제거하고 반으로 가른 뒤 1cm 폭으로 썰고,

02 호박은 반달 썰고, 느타리버섯은 낱낱이 가르고, 미나리는 5cm 길이로 썰고,

03 고추와 대파는 어슷 썰고, 무는 한입 크기로 납작 썰고,

무가 없을 때는 배추를 사용해도 좋아요.

04 물(3컵)이 끓으면 고추장(1)을 푼 뒤 무를 넣고,

오징어가 익을 무렵 비린내 제거를 위해 청주를 넣어요.

05 무가 반쯤 익으면 오징어, 호박, 느타리버섯, 고춧가루, 청주를 넣고,

06 오징어와 채소가 익으면 국간장, 다진 마늘, 소금으로 간한 뒤 고추, 대파를 넣고,

07 후춧가루를 넣고 한소끔 끓인 뒤 미나리를 넣어 마무리.

매운탕이 먹고 싶은데 생선이 없다고요?
생선살 함량이 높은 어묵이 생선 역할을 충분히 해준답니다.
생선 손질도 필요 없고 뼈 바를 일도 없으니 1석2조네요.

어묵채소찌개 생선 대신 어묵으로

FOR 2

필수 재료 감자(1개), 애호박(¼개), 대파(1대), 애느타리버섯(1줌=50g), 모둠어묵(150g)
육수 재료 물(3½컵), 국물용 멸치(9마리), 다시마(10×5cm)
양념 고추장(1), 고춧가루(1), 국간장(1.5), 다진 마늘(0.5), 다진 생강(0.2), 후춧가루(약간), 소금(약간)

01 냄비에 **육수 재료**를 넣고 끓어오르면 다시마를 건지고 중간 불에서 10분간 더 끓여 멸치도 체로 거르고,

02 감자는 껍질을 벗겨 1cm 두께로 반달 썰고, 애호박은 0.5cm 두께로 반달 썰고,

03 대파는 어슷 썰고, 애느타리버섯은 가닥가닥 찢고,

04 모둠어묵은 먹기 좋은 크기로 썰고,

05 육수(3컵)에 고추장을 풀고 감자를 넣어 반투명해질 때까지 끓이고,

06 호박, 모둠어묵을 넣고 끓으면 거품을 걷어낸 뒤 고춧가루, 국간장, 다진 마늘, 다진 생강, 후춧가루를 넣고,

07 부족한 간을 소금으로 맞추고 대파를 넣어 가볍게 끓여 마무리.

시원한 굴 맛을 제대로 느낄 수 있는 찌개에요.
새우젓으로 간하니 굴과 어우러지는 감칠맛에 부족함이 없어요.
굴은 오래 끓이면 오그라드니 통통해지면 바로 불을 끄세요.

맑은새우젓국찌개 제철 생굴을 듬뿍

FOR 2

필수 재료 생굴(2컵), 두부(½모), 쪽파(3대), 홍고추(1개)
양념 소금(0.3), 마늘(1쪽), 새우젓(2), 참기름(0.3), 후춧가루(약간)

굴은 소금물(물3컵+소금1)에 흔들어 씻어 물기를 빼고,

두부는 2×3×1cm 크기의 직사각형으로 썰어 찬물에 깨끗하게 헹구고,

쪽파는 3cm 길이로 썰고, 홍고추도 같은 길이로 채 썰고,

마늘은 채 썰고, 새우젓은 곱게 다지고,

물(3컵)에 새우젓을 푼 뒤 두부와 홍고추를 넣어 끓이고,

두부가 떠오르면 마늘, 굴, 쪽파를 넣고 굴이 살짝 오그라들면 불을 끈 뒤 참기름을 두르고 후춧가루를 뿌려 마무리.

늙은 호박은 무 못지않게 시원한 맛을 내주는 식재료에요.
명란젓, 청경채와 함께 어우러지면 깔끔한 맛은 물론
빛깔까지 예뻐서 식탁을 화사하게 살려준답니다.

명란젓늙은호박찌개 늙은호박의 매력

FOR 2

필수 재료 늙은 호박(300g), 청경채(1포기), 마늘(1쪽), 홍고추(1개), 명란젓(4쪽)
양념 새우젓(2), 후춧가루(약간)

01

늙은 호박은 한입 크기로 썰고, 청경채는 잎을 떼어 호박과 같은 길이로 썰고,

02

마늘은 곱게 채 썰고, 홍고추는 3cm 길이로 채 썰고,

03

명란젓은 한입 크기로 자르고,

04

물(3컵)이 끓으면 새우젓으로 간한 뒤 늙은 호박을 넣어 끓이고,

05

호박이 부드럽게 익으면 명란젓, 홍고추를 넣어 끓이고,

06

명란젓이 불투명하게 익으면 청경채, 마늘, 후춧가루를 넣고 마무리.

겨울에 즐기는 대표적인 생선찌개죠.
동태 지느러미와 비늘에 있는 이물질을 잘 씻어내야 국물이 깔끔해요.
무가 반쯤 익었을 때 동태를 넣어야 살이 쉽게 부서지지 않아요.

동태찌개 진정한 겨울의 맛

FOR 2

필수 재료 동태(1마리), 무(1⅓토막=200g), 두부(½모 =100g), 애호박(⅓개), 대파(2대)
선택 재료 풋고추(1개), 홍고추(1개), 쑥갓(3줄기)
양념 고추장(1), 다진 생강(0.2), 고춧가루(1), 국간장(1), 다진 마늘(0.5), 소금(적당량), 후춧가루(약간)

01 동태는 지느러미와 대가리를 잘라 아가미를 떼어내고 몸통의 내장을 꺼내 부레, 알 또는 곤이만 남긴 뒤 물에 헹궈 적당히 토막 치고,

02 무와 두부는 4×3×1cm 크기로 직사각형으로 썰고,

03 애호박은 5mm 두께로 반달 썰고, 대파와 고추는 어슷 썰고, 쑥갓은 2등분하고,

04 물(4컵)이 끓으면 고추장을 푼 뒤 무를 넣고,

05 무가 반쯤 익으면 동태와 내장을 넣어 끓으면 다진 생강을 넣고,

다진 생강은 생선이 익을때 넣어야 비린내 제거에 효과적이에요.

06 동태가 익으면 거품을 걷어낸 뒤 고춧가루와 국간장, 호박, 두부, 홍고추를 넣고 호박이 거의 익으면 다진 마늘을 넣어 소금으로 간하고,

07 대파와 고추, 후춧가루를 넣고 한소끔 끓으면 불을 끄고 쑥갓을 넣어 마무리.

여름이 제철인 오이를 넣고 진하게 끓인 고추장찌개에요.
오이가 부드럽게 익을 때까지 끓여야 시원한 맛이 살아나요.
익은 오이는 꼭 호박 같답니다.

오이감정 오이를 찌개로?

FOR 2

필수 재료 오이(2개), 쇠고기 등심(100g), 양파(½개), 홍고추(1개), 풋고추(1개), 대파(15cm)

밑간 국간장(0.5)+다진 마늘(0.3)+참기름(0.2)+후춧가루(약간)

양념 고추장(3), 된장(1), 다진 마늘(0.5), 소금(약간)

01 오이는 소금으로 문질러 씻고, 칼로 오이를 지그재그로 삼각형 모양이 되게 썰고,

02 쇠고기는 5mm 폭으로 납작 썰어 **밑간**에 버무리고,

03 양파는 채 썰고, 고추와 대파는 어슷 썰고,

04 냄비에 밑간한 고기를 넣고 볶다가 물(3컵)을 넣어 끓이고,

05 국물이 끓으면 고추장, 된장을 푼 뒤 오이를 넣어 끓이고,

06 오이가 반쯤 익으면 양파를 넣고 끓이고,

07 양파가 투명하게 익으면 고추와 대파, 다진 마늘을 넣고 한소끔 끓여 마무리.

부족한 간은 소금으로 맞춰요

PART
04

오손도손
푸짐하게
즐기는
탕 & 전골

생태맑은탕 깔끔하고 담백한

FOR 2

필수 재료 생태(1마리), 무(1⅓토막=200g), 두부(⅓모=100g), 애호박(⅓개), 대파(1대)
선택 재료 청양고추(2개), 홍고추(1개), 쑥갓(3줄기)
양념 다진 생강(0.2), 국간장(1), 다진 마늘(0.5), 소금(적당량), 후춧가루(약간)

생태는 매운탕으로 끓여도 좋지만 맑게 끓였을 때 훨씬 더 시원해요.
살이 부드러워 반드시 끓을 때 넣어야 형태가 부서지지 않아요.
위에 뜨는 거품은 말끔하게 걷어야 국물이 더 깔끔해요.

청담동 단골 국찌개
오손도손 푸짐하게 즐기는 탕 & 전골

생태는 지느러미와 머리를 잘라 아가미를 떼어내고 몸통의 내장을 꺼내 부레, 알, 곤이만 남긴 뒤 물에 헹궈 적당히 토막 치고

무와 두부는 4×3×1cm 크기의 직사각형으로 썰고,

호박은 5mm 두께로 반달 썰고, 대파, 고추는 어슷 썰고,

쑥갓은 두꺼운 대를 자르고 5cm 길이로 등분하고,

물(3½컵)에 무를 넣어 끓이고,

무가 반쯤 익으면 생태를 넣어 끓으면 다진 생강을 넣고,

생태가 익으면 거품을 걷고 국간장, 애호박, 두부, 홍고추를 넣어 끓이고,

호박이 거의 익으면 다진 마늘을 넣고 소금으로 간하고,

대파와 청양고추, 후춧가루를 넣어 한소끔 끓이다 불을 끈 뒤 쑥갓을 넣어 마무리.

도미매운탕

FOR 2

필수 재료 도미(1마리), 애호박(¼개), 두부(⅓모=100g), 미나리(½줌), 콩나물(1줌=60g)
선택 재료 양파(½개), 대파(1대), 풋고추(1개), 홍고추(1개)
육수 재료 물(4컵), 무(⅔토막=100g), 다시마(10×5cm)
양념 고추장(1), 다진 생강(0.2), 다진 마늘(0.5), 고춧가루(2.5), 국간장(2), 소금(약간), 후춧가루(약간)

바다의 왕자로 불리는 도미는 요리 전 손질이 가장 중요해요.
비늘이 단단해 소화가 안 되고 이물감도 심하거든요.
꼬리에서 머리 쪽으로 비늘을 긁어내면 쉬워요.

청담동 단골 국찌개
오손도손 푸짐하게 즐기는 탕 & 전골

01 도미는 가위로 지느러미를 잘라낸 뒤 꼬리에서 머리 쪽으로 비늘을 깨끗이 긁고,

02 머리와 아가미를 제거해 핏물과 이물질을 씻고 배 쪽의 내장을 모두 꺼낸 뒤 알, 곤이, 부레는 남기고 깨끗이 씻어 2~3등분하고,

03 무는 5mm 두께로 나박 썰고, 애호박은 5mm 두께로 반달 썰고, 두부는 1cm 두께로 사각 썰고,

04 양파는 채 썰고, 대파와 고추는 어슷 썰고 미나리는 5cm 길이로 썰고,

무는 5cm 폭으로 납작 썰어 준비해요.

05 냄비에 **육수 재료**를 넣고 끓어오르면 다시마를 건지고 중간 불에서 10분간 더 끓이고,

06 고추장을 풀고 도미, 콩나물, 양파, 다진 생강을 넣어 중간 불로 끓이고,

07 콩나물이 익고 도미 맛이 충분히 우러나면 애호박, 두부를 넣고,

08 다진 마늘, 고춧가루, 고추, 대파를 넣고 소금과 후춧가루로 간한 뒤 재료가 다 익으면 불을 끄고 미나리를 얹어 마무리.

알이 통통하게 차 있는 알배기 조기로 끓인 매운탕은 별미 중에 별미예요.
살은 부드럽고 국물 맛은 진해 밥반찬은 물론 안주로도 그만이랍니다.

조기매운탕 _{진한 감칠맛}

FOR 2

필수 재료 조기(4마리), 무(1토막=150g), 대파(1대), 풋고추(1개), 홍고추(1개)
선택 재료 양파(½개), 쑥갓(1줌)
양념 고추장(1), 된장(0.3), 다진 생강(0.2), 청주(1), 고춧가루(2), 다진 마늘(0.5), 국간장(1.5), 소금(약간), 후춧가루(약간)

01 조기는 지느러미를 잘라낸 뒤 꼬리에서 머리 쪽으로 비늘을 깨끗이 긁고 내장을 제거해 깨끗이 씻고,

02 무는 얇게 나박 썰고, 양파는 1cm 폭으로 채 썰고, 쑥갓은 5cm 길이로 썰고,

03 대파는 세로로 길게 갈라 5cm 길이로 썰고, 고추는 어슷 썰고,

04 물(3컵)에 무, 고추장, 된장을 넣고 끓여 무가 반투명해지면 조기와 다진 생강, 청주를 넣어 끓이고,

05 양파를 넣고 거품을 걷은 뒤 고춧가루와 다진 마늘을 넣어 끓이고,

06 국간장으로 간하고 소금, 후춧가루, 고추, 대파를 넣은 뒤 한소끔 끓으면 불을 끄고 쑥갓을 얹어 마무리.

봄과 가을, 제철 꽃게 맛있는 건 말해 뭐해요.
단맛과 감칠맛이 가득한 꽃게 살 발라 먹는 재미에 시원한 국물 맛까지 제대로!
같은 크기라면 더 무거운 꽃게를 고르는 것도 잊지 마세요.

01

꽃게는 솔로 깨끗이 문질러 씻고 등딱지를 벌려 모래집을 제거한 뒤 몸통을 2~4등분하고,

꽃게매운탕 제철이라 더 맛있는

FOR 2

필수 재료 꽃게(2마리), 애호박(¼개), 대파(1대)
선택 재료 두부(¼모=75g), 양파(¼개), 청양고추(1개), 홍고추(½개), 쑥갓(3줄기)
육수 재료 물(3½컵), 무(1토막=150g), 다시마(10×5cm)
양념 된장(1), 고추장(2), 다진 마늘(0.5), 다진 생강(0.2), 고춧가루(1), 국간장(1), 소금(0.2), 후춧가루(약간)

무는 납작하게 반달 썰어 준비해요.

냄비에 **육수 재료**를 넣고 끓어오르면 다시마를 건지고 중간 불에서 10분간 더 끓이고,

애호박은 5mm 두께로 반달 썰고, 두부는 반 갈라 1cm 두께로 썰고, 양파는 채 썰고 대파와 고추는 어슷 썰고, 쑥갓은 5cm 길이로 등분하고,

육수(3컵)에 된장과 고추장을 푼 뒤 꽃게를 넣어 끓이고,

꽃게의 색이 붉게 변하면 애호박, 양파, 두부를 넣고,

다진 마늘, 다진 생강, 고춧가루, 국간장을 넣은 뒤 부족한 간은 소금으로 맞추고,

고추와 대파, 후춧가루를 넣고 한소끔 끓여 불을 끈 뒤 쑥갓을 올려 마무리.

쫄깃한 살과 쫀득한 껍질까지 맛있는 아귀!
콩나물과 미나리를 넉넉하게 넣고 탕으로 끓였더니 찜과는 또 다른 매력이 있네요.
미더덕이나 오만둥이, 다른 조개를 더하면 더 푸짐해요.

아귀탕 찜만큼 맛있는

FOR 4

필수 재료 아귀(1마리), 미더덕(1컵), 청양고추(1개), 홍고추(1개), 대파(1대), 콩나물(2줌=120g), 미나리(60g)
육수 재료 물(4컵), 무(⅓토막=100g), 국물용 멸치(10마리), 다시마(10×5cm)
양념 고추장(1), 된장(0.3), 멸치액젓(1), 다진 생강(0.2), 맛술(2), 고춧가루(2), 다진 마늘(0.5), 소금(약간), 후춧가루(약간)

01 아귀는 이빨을 가위로 돌려 자르고, 지느러미는 끝만 자른 뒤 깨끗이 씻어 먹기 좋게 등분하고,

02 냄비에 **육수 재료**를 넣고 끓어오르면 다시마를 건지고 중간 불에서 10분간 더 끓여 멸치도 체로 거르고,

03 무는 나박 썬 뒤 육수에 넣어 끓이고,

04 고추는 어슷 썰고, 대파는 세로로 반 갈라 4cm 길이로 썰고, 미나리도 같은 크기로 썰고,

05 고추장과 된장을 풀고 멸치액젓을 넣은 뒤 아귀, 콩나물, 미더덕, 다진 생강을 넣어 5분간 끓이고,

06 콩나물이 익으면 맛술, 고춧가루, 다진 마늘을 넣고 소금으로 간한 뒤 고추와 대파, 후춧가루를 넣어 한소끔 끓으면 불을 끈 뒤 미나리를 얹어 마무리.

생선 손질이 번거롭다면 매운탕 대신 알탕을 끓여보세요.
곤이와 명태알은 미리 청주에 재워 비린내를 제거하시고요.
알이 통통해지고 부드러워질 정도로만 익혀야 퍽퍽하지 않아요.

01 명태알과 곤이는 깨끗이 손질한 뒤 청주(2)와 소금(0.2)을 뿌려 20분간 재우고,

알탕 알과 곤이를 듬뿍

FOR 2

필수 재료 명태알(150g), 곤이(100g), 무(⅓토막=100g), 두부(⅓모=100g), 애호박(⅓개), 대파(1대), 콩나물(1줌=60g)

선택 재료 풋고추(1개), 홍고추(1개), 쑥갓(3줄기)

양념 청주(2), 소금(0.2+약간), 고추장(1), 다진 생강(0.2), 고춧가루(1), 국간장(1), 다진 마늘(0.5), 후춧가루(약간), 소금(약간)

02 무와 두부는 4×3×1cm 크기의 직사각형으로 썰고,

03 애호박은 5mm 두께로 반달 썰고, 대파, 고추는 어슷 썰고, 쑥갓은 두꺼운 대를 자른 뒤 5cm 길이로 썰고,

04 물(3½컵)이 끓으면 고추장을 푼 뒤 무를 넣고,

05 무가 반쯤 익으면 콩나물, 명태알, 곤이를 넣은 뒤 끓어오르면 다진 생강을 넣고,

06 알이 통통하게 익으면 거품을 걷어내고 고춧가루와 국간장, 애호박, 두부, 홍고추를 넣어 끓이고,

07 호박이 익으면 다진 마늘을 넣고 소금으로 간한 뒤 파와 풋고추, 후춧가루를 넣고 한소끔 끓으면 불을 끄고 쑥갓을 넣어 마무리.

홍합 손질만 잘하면 홍합탕처럼 쉬운 국이 또 없어요.
살 먼저 빼먹고 시원한 국물로 마무리~
청양고추로 칼칼함까지 더해 술안주로도 추천해요.

홍합탕 쉬워도 너무 쉬운

FOR 2

필수 재료 홍합(800g), 양파(¼개), 대파(1대), 청양고추(2개), 마늘(2쪽)
양념 소금(0.3), 생강즙(0.5)

01 홍합은 수염을 떼고 바락바락 비벼가며 깨끗이 씻어 헹구고,

02 양파는 채 썰고, 대파와 청양고추는 송송 썰고, 마늘은 채 썰고,

03 홍합과 양파를 냄비에 넣고 물(3컵)을 부어 끓이고,

그릇에 담아 고춧가루를 살짝 뿌려도 좋아요.

04 홍합이 입이 벌어지면 소금으로 간하고 생강즙과 청양고추, 대파를 넣고 한소끔 끓으면 불을 꺼 마무리.

가끔 어린 시절 노점에서 사먹던 번데기의 맛이 그리울 때가 있죠?
통조림 번데기에 재료를 약간만 더해 끓이면
자꾸 손이 가는 번데기탕이 완성돼요.

번데기탕 *추억이 담긴 맛*

FOR 2

필수 재료 통조림 번데기(1캔=130g), 양파($\frac{1}{4}$개), 마늘(1쪽), 대파(1대), 베트남 말린 고추(3개)
양념 후춧가루(약간)

01 양파는 잘게 사각 썰고, 마늘은 납작 썰고,

02 대파는 송송 썰고, 베트남 고추는 가위로 2~3등분하고,

03 냄비에 통조림 번데기, 양파, 마늘, 고추를 넣고 물($\frac{1}{4}$컵)을 넣어 끓이고,

그릇에 담아 고춧가루를 살짝 뿌려내도 좋아요

04 팔팔 끓으면 불을 끄고 송송 썬 대파, 후춧가루를 넣어 마무리.

173

손은 좀 가지만 맛도 좋고 모양도 정갈해 귀한 손님에게 대접하기 좋은 요리예요.
완자는 너무 크지 않게 일정한 크기로 빚어야 먹기도 좋고 담았을 때 예뻐요.

모시조개새우완자탕 정성이 가득

FOR 2

필수 재료 생새우살(200g), 당근(⅓개), 표고버섯(1개), 마늘(1쪽), 부추(¼줌), 모시조개(150g)

새우살 양념 녹말가루(3), 생강즙(0.3), 소금(0.2), 후춧가루(약간)

양념 참치액(1), 후춧가루(약간)

01

생새우살은 곱게 으깨고, 당근은 강판에 곱게 갈고,

02

표고버섯과 마늘은 채 썰고, 부추는 2cm 길이로 썰고,

03

새우살에 당근, **새우살 양념**을 고루 섞어 치대고,

04

물(4컵)에 해감한 모시조개를 넣고 입이 벌어질 때까지 끓이고,

05

손에 반죽을 놓고 주먹을 쥐어 위로 올라오면 숟가락으로 떠서 육수에 넣고,

06

표고버섯과 채 썬 마늘도 넣어 끓이고,

07

새우완자가 떠오르면 거품을 걷고 참치액, 후춧가루를 넣어 한소끔 끓인 뒤 부추를 넣고 바로 불을 꺼 마무리.

야들야들한 낙지와 깔끔한 국물의 조화!
연포탕만큼 낙지 본연의 맛을 제대로 느낄 수 있는 요리가 있을까요?
배추를 듬뿍 넣어 국물이 정말 시원해요.

01

낙지는 몸통을 갈라 내장과 눈을 뺀 뒤 소금, 밀가루 순으로 바락바락 주물러 씻어 깨끗이 헹구고,

낙지연포탕 보양식 중 으뜸

FOR 2

필수 재료 낙지(3마리=500g), 배추(2장), 마늘(2쪽), 대파(1대)
선택 재료 표고버섯(2개), 애호박(½개), 미나리(60g), 청양고추(2개), 홍고추(1개)
육수 재료 물(4½컵), 무(1토막=150g), 국물용 멸치(10마리), 다시마(10×5cm)
양념 국간장(1), 소금(0.3), 후춧가루(약간)

무는 큼직하게 썰어 준비해요

냄비에 **육수 재료**를 넣고 끓어오르면 다시마를 건지고, 중간 불에서 10분간 더 끓여 멸치도 체로 거르고, 무는 10분 더 익혀 육수를 낸 뒤 건지고,

배추는 세로로 반 가른 뒤 칼을 눕혀 한입 크기로 썰고, 표고버섯은 채 썰고,

애호박은 5mm 두께로 반달 썰고, 미나리는 5cm 길이로 썰고, 마늘은 채 썰고,

대파는 세로로 반 갈라 5cm로 썰고, 고추는 송송 썰고,

익은 무는 한입 크기로 썰어 냄비 밑에 깐 뒤 배추, 표고버섯, 애호박을 넣고 육수(4컵)를 부어 끓이고,

국간장과 소금으로 간한 뒤 낙지, 고추, 대파, 다진 마늘, 후춧가루를 넣고 한소끔 끓여 미나리를 넣고 불을 꺼 마무리.

추어탕은 밖에서만 드셨다고요? 의외로 집에서도 쉽게 만들 수 있답니다.
미꾸라지를 삶고 갈아 한 번 먹을 만큼씩 소분해 냉동해두면
언제든 추어탕을 끓일 수 있어요.

01 미꾸라지는 뚜껑이 있는 냄비에 굵은 소금(3)과 넣고 뚜껑을 닫아 조용해지면 물에 씻고,

추어탕 외식 대신 집에서

FOR 2

- **필수 재료** 미꾸라지(300g), 삶은 시래기(150g), 대파(1대)
- **선택 재료** 부추(30g), 청양고추(3), 들깻가루(6), 산초가루(약간), 다진 마늘(적당량)
- **함께 삶는 재료** 물(4컵), 청주(½컵), 된장(1), 다진 생강(0.2), 후춧가루(약간)
- **양념** 고춧가루(2), 된장(1.5), 고추장(1), 다진 마늘(2), 다진 생강(0.2)
- **함께 가는 재료** 양파(½개), 생강(1쪽), 마늘(4쪽)

02 밀가루(3)를 넣어 고루 버무린 뒤 한 번 더 깨끗이 헹구고,

03 냄비에 미꾸라지, **함께 삶는 재료**를 넣고 중간 불로 부드럽게 익을 때까지 20분간 삶고,

04 시래기는 5cm 길이로 썰고, 대파는 길이로 반 갈라 5cm 길이로 썰고, 부추는 3cm 길이로 썰고, 청양고추는 잘게 다지고,

05 시래기와 대파에 양념을 넣고 무치듯 버무리고,

06 삶은 미꾸라지와 **함께 가는 재료**를 믹서에 넣어 곱게 갈고,

07 냄비에 간 미꾸라지와 양념한 시래기, 대파를 넣어 끓이고, 부추, 청양고추, 들깻가루, 산초가루, 다진 마늘을 곁들여 마무리.

부족한 간을 국간장이나 소금으로 맞춰요.

더덕을 자근자근 두드려 구이로, 쭉쭉 찢어 생채로만 드셨다면
오늘은 더덕들깨탕을 끓여보세요.
은은한 더덕 향과 구수한 들깨의 조화에 먹으면서도 건강해지는 느낌이 든답니다.

더덕들깨탕

구수하고 향긋한

FOR 2

필수 재료 더덕(150g), 표고버섯(2개), 대파(2대)
육수 재료 물(3컵), 무(⅔토막=100g), 다시마(10×5cm)
양념 들기름(1.5), 거피 들깻가루(½컵), 국간장(1), 소금(0.2), 후춧가루(약간)

01

더덕은 껍질을 벗겨 어슷하게 납작 썰고.

02

표고버섯은 납작 썰고, 무는 한입 크기로 사각 썰고, 대파는 반 갈라 등분하고.

03

냄비에 **육수 재료**를 넣고 끓어오르면 다시마를 건지고 중간 불에서 10분간 더 끓이고.

04

냄비에 들기름을 두르고 더덕과 표고버섯을 볶다가 육수(2½컵)를 넣어 끓이고.

05

끓으면 들깻가루를 넣고 국간장과 소금, 후춧가루로 간하고.

06

대파를 넣고 한소끔 끓여 마무리.

시간이 좀 걸리기는 해도 정성으로 끓인 갈비탕은
먹는 사람에게 따뜻한 마음까지 느끼게 해주는 음식이죠.
갈비는 반드시 끓는 물에 데쳐 핏물과 냄새를 빼고 요리해야
깔끔하고 깊은 맛을 낼 수 있어요.

갈비탕 힘나는 한 그릇

FOR 2

필수 재료 소갈비(600g)
선택 재료 대파(1대), 달걀(1개)
양념 소금(적당량), 후춧가루(약간)

PLUS TIP
의외로 달걀지단 만들기를 어려워하는 분들 많아요. 한번 배워두면 여러모로 활용하기 좋으니 이번 기회에 도전해보세요. 먼저 달걀은 노른자와 흰자로 각각 나누어 소금(약간씩) 간하고, 알끈 없이 매끈하게 잘 풀어주세요. 약한 불로 달군 팬에 식용유(약간)를 살짝 두른 뒤 노른자와 흰자를 각각 얇게 부치세요. 적당히 익으면 그릇에 옮겨 담은 뒤 마름모꼴로 잘라 마무리합니다.

01 갈비는 넉넉한 찬물에 넣어 두 시간 이상 핏물을 빼고,

02 갈비에 잠길 만큼 물을 부어 끓어오르면 물은 버리고 갈비는 찬물에 가볍게 헹구고,

03 압력솥에 갈비와 물(10컵)을 넣고 센 불에 올려 추가 돌기 시작하면 중간 불로 15분간 끓인 뒤 불을 끄고,

04 추가 내려가고 압력이 빠지면 뚜껑을 열어 기름기를 걷어내고,

05 약한 불로 달군 팬에 식용유(약간)를 두르고, 달걀물을 부어 지단을 만든 뒤 마름모 모양으로 썰고,

대파는 미리 송송 썰어 준비해주세요

06 그릇에 담고 송송 썬 대파와 지단을 얹고, 소금, 후춧가루로 간해 마무리.

더위야 물렀거라! 여름철 삼복 더위에 꼭 챙겨 먹게 되는 삼계탕.
집에서 인삼과 황기를 넉넉히 넣고 푹 고아주면 밖에서 먹는 것과는 비교가 안 돼요.
올 여름 우리 가족 건강하게 지켜주자고요.

삼계탕 보양식의 대표 주자

FOR 2	
필수 재료	찹쌀($\frac{1}{2}$컵), 영계(1마리=450g), 수삼(1뿌리), 통마늘(5쪽)
선택 재료	대파(1대), 대추(3개), 밤(2개), 황기(1대), 생강(1쪽)
양념	소금(적당량), 후춧가루(약간)

01 찹쌀은 씻어 30분간 불리고,

02 닭은 가위로 목과 다리 끝을 자르고,

03 꽁지 끝 기름기가 많은 부분을 자른 뒤 흐르는 물에 겉과 배 안쪽을 깨끗이 씻고,

수삼 크기가 크면 길이로 2~4등분해요.

04 배 안에 대추(2개), 찹쌀, 마늘(2쪽), 밤(1개), 수삼 순으로 집어넣고,

실로 묶어주어도 좋아요.

05 다리 한쪽 옆에 칼집을 2cm 길이로 넣은 뒤 다른 다리 한쪽을 그 안에 끼워 다리를 꼬고,

06 냄비에 닭과 남겨둔 대추, 밤, 마늘, 황기, 생강을 넣고 물(4컵)을 부어 센 불로 끓이고,

07 끓어오르면 중간 불로 30분간 끓인 뒤 기름기를 걷어내고 송송 썬 대파를 올려 소금, 후춧가루를 곁들여 마무리.

중국집에서 볶음밥에 딸려 나오는 달걀탕은
주로 닭고기 분말 육수를 사용해서 만드는데요.
구수한 멸치육수로 사용하면 국물이 더 깔끔하고 담백해요.

중식달걀탕
보들보들 속 편한

FOR 2

필수 재료 표고버섯(2개), 대파(15cm), 생강(1쪽), 달걀(2개)
육수 재료 물(4컵), 국물용 멸치(10마리), 다시마(10×5cm)
양념 소금(0.3), 참기름(0.3), 후춧가루(약간)
녹말물 물(2)+녹말가루(1)

01 냄비에 **육수 재료**를 넣고 끓어오르면 다시마를 건지고 중간 불에서 10분간 더 끓여 멸치도 체로 거르고.

02 표고버섯은 3mm 두께로 납작 썰고, 대파는 어슷 썰고, 생강은 곱게 다지고.

03 달걀은 풀고, 녹말가루는 동량의 물과 섞어 풀어두고.

04 육수(3½컵)에 표고버섯, 생강을 넣어 끓이고.

05 소금으로 간한 뒤 녹말물을 넣고 투명해질 때까지 저어 익히고.

06 달걀물을 젓가락을 따라 흘리며 돌려 붓고.

07 대파와 참기름, 후춧가루를 넣고 마무리.

살이 넉넉히 붙은 돼지등뼈를 사서 핏물을 뺀 뒤
푹 끓여내면 온 가족이 푸짐하게 즐길 수가 있어요.
감자는 같이 넣고 끓이면 다 부서지니 따로 익혀서 넣어요.
남은 국물에는 밥도 꼭 볶아 드세요.

돼지등뼈감자탕 살 쏙쏙 빼먹는 재미

FOR 2

필수 재료 돼지 등뼈(1kg), 감자(4개), 대파(2대), 시래기(200g)
선택 재료 들깻가루(4)
양념장 된장(3.5)+고춧가루(4)+다진 마늘(2)+다진 생강(0.2)+후춧가루(약간)
양념 소금(약간)

01

돼지 등뼈는 2시간 이상 찬물에 담가 핏물을 빼요.

핏물을 뺀 돼지 등뼈는 냄비에 넣고 잠길 만큼 물을 부어 끓으면 물은 버리고 뼈를 헹군 뒤 다시 찬물을 부어 1시간 30분~2시간 정도 삶고,

02

감자는 껍질을 벗겨 미리 삶고, 대파는 반으로 갈라 4~5cm로 썰고,

03

시래기는 먹기 좋게 썰어 **양념장**에 버무리고,

04

끓는 육수에 양념한 시래기를 넣고 한소끔 끓인 뒤 소금으로 간하고,

05

입맛에 따라 들깻가루를 추가해도 좋아요.

삶은 감자와 대파를 넣고 한 번 더 끓여 마무리.

쇠고기완자탕
영양과 정성이 듬뿍 담긴

FOR 2

필수 재료 쇠고기 양지머리(100g), 다진 쇠고기(100g), 두부(¼모), 대파(1대), 표고버섯(2개), 밀가루(2), 달걀(1개)
완자 양념 소금(0.2), 다진 파(0.5), 다진 마늘(0.3), 참기름(0.2), 깨소금(0.1), 후춧가루(약간)
양념 국간장(0.2), 소금(0.3), 후춧가루(약간)

정갈한 맛과 모양에 대접 받는 느낌이 드는 요리예요.
손은 좀 가지만 맛을 보면 들인 정성이 전혀 아깝지 않답니다.

청담동 단골 국찌개
오손도손 푸짐하게 즐기는 탕 & 전골

01 쇠고기는 물(5컵)을 붓고 중간 불에서 40분간 끓여 기름을 걷어낸 뒤 고기는 건져 베보자기로 감싸 무거운 것으로 눌러두고,

02 두부는 물기를 빼고 곱게 으깬 뒤 다진 쇠고기, **완자 양념**을 넣고 치대 작게 빚고,

03 대파는 어슷 썰고, 표고버섯은 채 썰고,

04 완자는 밀가루를 고루 묻힌 뒤 체에 받쳐 여분의 가루를 털어내고,

05 달걀을 곱게 푼 뒤 완자를 고루 담갔다가 건지고,

06 중간 불로 달군 팬에 식용유(1)를 두르고 완자를 굴려가며 노릇하게 익혀 건지고,

07 쇠고기는 얇게 편으로 썰고,

08 끓는 육수(4컵)에 표고버섯을 넣고 끓으면 완자, 쇠고기, 대파를 넣은 뒤 국간장, 소금으로 간하고,

09 완자가 떠오르면 남은 달걀물을 흘려 넣고 후춧가루를 넣어 마무리.

이른 봄에만 먹을 수 있는 별미 요리예요.
쑥을 삶아 곱게 다져 넣은 완자에는 향긋한 봄내음이 가득~
완자는 미리 익혀 맨 마지막에 넣고 살짝만 끓여요. 그래야 옷이 벗겨지지 않는답니다.

애탕 봄을 부르는 맛

FOR 2

필수 재료 쇠고기 양지머리(100g), 쑥(2줌), 다진 쇠고기(100g), 달걀(1개), 대파(1대), 표고버섯(2개), 밀가루(2)
완자 양념 소금(0.2), 다진 파(0.5), 다진 마늘(0.3), 참기름(0.2), 깨소금(0.1), 후춧가루(약간)
양념 국간장(0.2), 소금(0.3), 후춧가루(약간)

01 쇠고기는 물(6컵)을 붓고 중간 불에서 40분간 끓여 기름을 걷어낸 뒤 고기는 건져 베보자기로 감싸 무거운 것으로 눌러두고,

02 쑥은 끓는 물에 데쳐 물기를 짠 뒤 곱게 다져 다진 쇠고기, **완자 양념**을 넣고 치대 작게 빚고,

03 달걀은 풀고, 대파는 어슷 썰고, 표고버섯은 채썰고,

04 완자는 밀가루를 고루 묻힌 뒤 체에 밭쳐 여분의 가루를 털어내고, 달걀물에 고루 담갔다 건지고,

05 중간 불로 달군 팬에 식용유(0.3)를 둘러 완자를 굴려가며 익힌 뒤 키친타월에 올려 기름기를 제거하고,

06 익은 쇠고기는 얇게 편으로 썰고,

07 끓는 육수(4컵)에 표고버섯을 넣고 끓으면 완자, 대파를 넣고 국간장, 소금으로 간한 뒤 완자가 떠오르면 남겨둔 쑥을 넣고 한소끔 끓여 후춧가루를 넣어 마무리.

새콤달콤한 육수에 채소와 닭고기를 곁들인 초계탕은
고급스러운 여름철 보양음식이에요.
얼음 동동 띄워 시원하게 즐기면 더위가 싹 가신답니다.
소면을 말아 초계국수로 즐겨도 좋아요.

초계탕 시원한 여름 보양식

FOR 2

필수 재료 닭($\frac{1}{2}$마리), 오이($\frac{1}{2}$개), 배($\frac{1}{4}$개), 노란 파프리카($\frac{1}{2}$개), 주황 파프리카($\frac{1}{2}$개)
닭 삶는 재료 마늘(3쪽), 생강(1쪽), 통후추(0.1), 대파잎(1대)
닭고기 양념 소금(0.2), 참기름(0.5), 후춧가루(약간)
육수 양념 설탕(3), 식초(6), 국간장(1), 연겨자(1), 다진 마늘(1), 소금(0.3)

01 닭은 껍질과 기름을 손질한 뒤 냄비에 물(6컵), **닭 삶는 재료**와 함께 넣어 30분간 삶고,

02 닭고기는 건져 식혀 살만 발라 잘게 찢어 **닭고기 양념**에 버무리고,

03 오이는 5cm 길이로 썬 뒤 껍질을 돌려 깎아 채 썰고,

04 배, 파프리카도 오이와 같은 길이로 채 썰고,

05 육수($3\frac{1}{2}$컵)는 차게 식혀 위에 뜬 기름기를 걷어낸 뒤 **육수 양념**을 넣고,

국수를 삶아 곁들여도 좋아요

06 채소와 닭고기를 보기 좋게 담고 먹기 직전 육수를 붓고 얼음을 띄워 마무리.

입맛을 살려주고 원기회복에도 좋은 여름철 보양식 임자수탕.
요리 과정은 좀 복잡해보이지만 한 번 맛보면 그 맛을 잊기가 어렵죠.
잣과 깨로 고소함을 더하고 영양까지 풍부하답니다.

01
닭은 껍질과 기름을 손질한 뒤 냄비에 물(6컵), **닭 삶는 재료**와 함께 넣어 30분간 삶고,

임자수탕 궁중에서 먹던 귀한 맛

FOR 2

필수 재료 닭(½마리), 잣(½컵), 볶은 참깨(½컵), 불린 표고버섯(2개), 홍고추(1개), 청오이(5cm)
선택 재료 달걀(2개), 두부(¼모), 다진 쇠고기(100g)
닭 삶는 재료 마늘(3쪽), 생강(1쪽), 통후추(0.1), 대파잎(1대)
닭고기 양념 소금(0.2), 참기름(0.5), 후춧가루(약간)
완자 양념 소금(0.2), 다진 파(0.5), 다진 마늘(0.3), 참기름(0.2), 깨소금(0.1)
양념 소금(약간), 후춧가루(약간)

02
닭고기는 건져 식혀 살만 발라 잘게 찢어 **닭고기 양념**에 버무리고, 육수(3½컵)는 차게 식혀 기름기를 걷고,

03
잣과 참깨를 믹서에 넣고 육수를 조금씩 넣어가며 곱게 간 뒤 체에 내려 남은 육수와 섞고 소금(0.2)으로 간해 냉장실에 넣고,

04
달걀은 황백지단을 부쳐 직사각형으로 썰고, 불린 표고버섯, 홍고추는 지단과 같은 모양으로 썰고, 오이도 껍질을 돌려 깎아 같은 모양으로 썰고,

05
팬에 식용유(1)를 두르고 오이와 버섯을 소금, 후춧가루로 간하여 볶고,

06
두부는 물기를 꼭 짜고 곱게 으깬 뒤 다진 쇠고기, **완자 양념**을 넣어 치대 작게 빚고, 중간 불로 달군 팬에 식용유(0.3)를 두른 뒤 굴려가며 익혀 기름기를 제거하고,

07
그릇에 닭고기살을 담고 그 위에 고명과 완자를 올린 뒤 육수를 부어 마무리.

쇠고기와 채소를 넉넉히 넣고 얼큰하게 끓인 육개장은 속을 풀어주는 데 최고예요.
어떤 고춧가루를 쓰느냐에 따라 매운 정도를 조절할 수 있고
건더기는 미리 양념해 넣어야 맛이 더 깊어요.

육개장 칼칼한 게 진국이네

FOR 2

필수 재료 쇠고기 치마양지(300g), 대파(3대)
선택 재료 고사리(100g), 느타리버섯(100g), 숙주(100g)
고추기름 고운 고춧가루(2), 육수(½컵), 식용유(3)
양념장 고춧가루(2)+참기름(1)+청주(2)+국간장(4)
　　　　+다진 마늘(1)+후춧가루(약간)+고추장(1)
양념 후춧가루(약간)

01 육수가 끓기 시작하면 뚜껑을 열어 대파잎, 마늘, 생강 등을 넣어 주면 좋아요. / 오래 끓여야 해서 물을 넉넉히 넣어 끓여요.

쇠고기는 겉의 막을 제거해 찬물에 헹군 뒤 물(8컵)을 붓고 중간 불에서 뚜껑을 열어 40분간 끓이고,

02 대파는 고명용(½ 대)은 송송 썰고, 나머지(2½ 대)는 세로로 길게 갈라 먹기 좋은 크기로 썰고,

03 고사리는 5cm 길이로 썰어 딱딱한 줄기는 정리하고, 느타리버섯은 낱낱이 가르고,

04 재료를 미리 데쳐 양념하면 나중에 오래 끓여도 풀어지지 않아요.

육수에 대파, 느타리버섯, 숙주, 고사리 순으로 5~10초씩 데쳐 체에 밭쳐 건지고,

05 육수에서 고기를 건져 한 김 식힌 뒤 결 따라 손으로 찢고,

06 센 불에서 고춧가루를 볶으면 쉽게 탈 수 있으니 주의하세요.

고추기름 재료를 모두 섞어 약한 불에서 색이 우러나게 볶고, 데친 재료와 고기를 고추기름과 **양념장**에 버무리고,

07 부족한 간은 국간장이나 소금을 넣고 맞춰요.

육수(4컵)에 고기와 데친 재료를 넣고 어우러지게 끓인 뒤 송송 썬 대파와 후춧가루를 뿌려 마무리.

대파로 시원하고 깔끔한 맛을 살린 육개장이에요.
땀을 뻘뻘 흘리며 파개장 한 그릇 먹고 나면 몸과 마음이 다 개운해진답니다.
대파는 끓는 물에 한 번 데쳐 넣어야 미끈거리거나 실처럼 풀어지지 않아요.

파개장 대파를 듬뿍

FOR 2

필수 재료 쇠고기 치마양지(300g), 대파(4대)
고추기름 고운 고춧가루(2), 육수(½컵), 식용유(3)
양념장 고춧가루(2)+참기름(1)+청주(2)+국간장(4)
+다진 마늘(1)+후춧가루(약간)+고추장(1)
+밀가루(1)

01. 육수가 끓기 시작하면 뚜껑을 열고 대파잎, 마늘, 생강 등을 넣어 주면 좋아요.
오래 끓여야 해서 물을 넉넉히 넣어 끓여요.

쇠고기는 겉의 막을 제거하고 찬물에 헹군 뒤 물(8컵)을 붓고 중간 불에서 뚜껑을 연 채로 40분간 끓이고,

대파는 고명용(½ 대)은 송송 썰고, 나머지(2½ 대)는 세로로 길게 갈라 먹기 좋은 크기로 썰고,

재료를 미리 데쳐 양념하면 나중에 오래 끓여도 풀어지지 않아요.

끓는 육수에 대파를 데친 뒤 체에 밭쳐 건지고,

육수에서 고기를 건져 한 김 식힌 뒤 결 따라 찢고,

센 불에서 고춧가루를 볶으면 쉽게 탈 수 있으니 주의하세요.

고추기름 재료를 모두 섞어 약한 불에서 색이 우러나게 볶고,

소고기와 데친 대파에 고추기름, **양념장**을 넣어 버무리고,

부족한 간은 국간장이나 소금을 넣고 맞춰요.

끓는 육수(4컵)에 고기와 대파를 넣어 어우러지게 끓인 뒤 송송 썬 대파와 후춧가루를 뿌려 마무리.

쇠고기 대신 닭고기를 넣고 끓인 육개장이에요.
푹 고은 닭고기 살을 쭉쭉 찢어 채소와 함께 무쳐 넣으면
쇠고기 육개장과는 또 다른 진한 맛이 있답니다.

01

> 육수가 끓기 시작하면 뚜껑을 열고 대파잎, 마늘, 생강 등을 넣어 주면 좋아요.

> 오래 끓여야 해서 물을 넉넉히 넣어 끓여요.

냄비에 물(8컵), 닭가슴살과 무, 다시마를 넣고 끓으면 다시마는 건진 뒤 뚜껑을 연 채로 40분간 끓이고,

닭개장 쇠고기와 다른 매력

FOR 2

필수 재료 닭가슴살(2쪽), 무(⅔토막=100g), 다시마(10×5cm), 대파(2대)
선택 재료 불린 토란대(100g), 고사리(100g), 숙주(100g)
고추기름 고운 고춧가루(2), 육수(¼컵), 식용유(3)
양념장 고춧가루(2)+참기름(1)+청주(2)+국간장(4)+다진 마늘(1)+후춧가루(약간)+고추장(1)

02

대파는 고명용(½대)은 송송 썰고, 나머지(1½대)는 세로로 길게 갈라 먹기 좋은 크기로 썰고,

03

> 재료를 미리 데쳐 양념하면 나중에 오래 끓여도 풀어지지 않아요.

토란대는 5cm 길이로 썰어 넓은 건 반 가르고, 고사리도 같은 길이로 딱딱한 줄기는 정리하고,

04

끓는 육수에 토란대, 숙주, 고사리, 대파 순으로 데쳐 체에 밭치고,

05

육수에서 닭고기를 건진 뒤 한 김 식혀 결 따라 찢고,

06

> 센 불에서 고춧가루를 볶으면 쉽게 탈 수 있으니 주의하세요.

고추기름 재료를 모두 섞어 약한 불에서 색이 우러나게 볶은 뒤 닭고기와 데친 채소에 **양념장**과 함께 넣어 버무리고,

07

> 부족한 간은 국간장이나 소금을 넣고 맞춰요.

끓는 육수(4컵)에 고기와 데친 채소를 넣어 어우러지게 끓이고, 송송 썬 대파와 후춧가루를 뿌려 마무리.

겨울철 온 가족이 둘러앉아 함께 먹기 딱 좋은 요리예요.
어묵을 다양하게 넣고 풍성하고 행복한 밥상을 만들어보세요.
겨자장을 곁들이면 더 맛있게 즐길 수 있어요.

01

부족한 간은 소금(약간), 후춧가루(약간)으로 맞춰요.

어묵전골 찬바람 불면 생각나는

FOR 2

필수 재료 달걀(2), 무(2토막=300g), 쑥갓(3줄기), 대파(1대), 곤약(½모=100g), 모둠어묵(300g)
육수 재료 물(5컵), 국물용 멸치(10마리), 다시마(10×10cm)
양념 참치액(2), 청주(2)
소스 간장(3)+연겨자(0.5)

냄비에 **육수 재료**를 넣고 끓어오르면 다시마를 건지고 중간 불에서 10분간 더 끓여 멸치도 체로 거르고,

02

삶을 때 소금(0.5), 식초(1)를 넣으면 달걀 흰자의 응고를 도와요.

03

쉽게 부서지는 무의 가장자리를 도려내면 국물이 깔끔해요.

04

냄비에 달걀이 잠길 정도의 물을 부어 끓어오르면 중간 불로 8~10분간 삶은 뒤 찬물에 담가 껍질을 벗기고,

무는 사방 2cm로 깍둑 썰어 가장자리를 도려내고, 육수에 넣어 투명해질 때까지 끓이고,

쑥갓은 5cm 길이로 썰고, 대파는 송송 썰고,

곤약은 1cm 두께로 잘라 가운데에 길게 칼집을 넣은 뒤 한쪽 끝을 칼집 사이로 넣어 모양을 내고,

어묵은 끓는 물에 5초간 데쳐 기름기를 없앤 뒤 한입 크기로 썰어 꼬치에 끼우고,

전골냄비에 육수를 붓고 무를 넣어 투명하게 익힌 뒤 어묵 꼬치, 삶은 달걀, 곤약, 쑥갓을 보기 좋게 담고 **소스**를 곁들여 마무리.

소박한 재료들로 푸짐하게 끓인 전골이에요.
두부와 버섯, 채소를 듬뿍 넣어 깔끔하고 담백한 맛!
입맛에 따라 양념의 양은 조절하세요.

두부전골 고기 없어도 맛있어

FOR 2

필수 재료 두부(1모=300g), 호박(½개), 양파(½개), 쑥갓(5줄기), 대파(15cm)
선택 재료 애느타리버섯(1줌=60g), 표고버섯(2개)
육수 재료 물(5컵), 국물용 멸치(10마리), 다시마(10×5cm)
양념 고춧가루(3), 국간장(1), 새우젓(1), 참치액(1), 육수(2), 다진 마늘(0.5)

01 냄비에 **육수 재료**를 넣고 끓어오르면 다시마를 건지고 중간 불에서 10분간 더 끓여 멸치도 체로 거르고,

02 두부는 반으로 갈라 1cm 두께로 납작 썰고, 호박은 5cm 길이로 등분해 반으로 갈라 납작 썰고,

03 애느타리버섯은 낱낱이 가르고, 표고버섯, 양파는 채 썰고,

04 쑥갓은 5cm 등분하고, 대파는 어슷 썰고,

05 전골냄비에 모든 재료를 보기 좋게 돌려 담아 육수(4컵)를 부은 뒤 양념을 얹고 끓여 마무리.

만두는 굽고 찌거나 만둣국만 해드셨죠?
여러 가지 채소를 더해 전골을 끓이면 푸짐하고 맛도 일품이에요.
남은 국물에 사리를 추가하면 더 든든해요.

만두전골 만두를 넣어 푸짐하게

FOR 2

- **필수 재료** 두부(½모=150g), 양파(½개), 대파(15cm), 애느타리버섯(1줌=50g), 표고버섯(2개), 쑥갓(5줄기), 만두(8개)
- **육수 재료** 물(5컵), 국물용 멸치(10마리), 다시마(10×5cm)
- **양념장** 고춧가루(2.5)+국간장(1)+멸치액젓(0.3)+육수(3)+소금(0.2)+다진 마늘(1)+후춧가루(약간)

01 냄비에 **육수 재료**를 넣고 끓어오르면 다시마를 건지고 중간 불에서 10분간 더 끓여 멸치도 체로 거르고.

02 두부는 1cm 두께로 납작 썰고, 양파는 채 썰고, 대파는 어슷 썰고.

03 애느타리버섯은 낱낱이 가르고, 표고버섯은 납작 썰고, 쑥갓은 5cm 길이로 썰고.

> 부족한 간은 소금으로 맞춰요.

04 냄비에 손질한 재료와 만두를 보기 좋게 돌려 담고 **양념장**을 중앙에 올린 뒤 육수(4컵)를 붓고 끓이다 쑥갓을 얹어 마무리.

배추와 미나리를 넉넉히 넣고 끓인 굴전골은 그야말로 시원함의 극치예요.
맵지 않아서 아이들도 잘 먹고요.
굴은 넣고 오래 끓이지 않아야 특유의 맛과 향을 제대로 즐길 수 있어요.

굴전골 순하게 끓인

FOR 2

필수 재료 배추(2장), 표고버섯(2개), 애느타리버섯(1½ 줌=75g), 미나리(60g), 쪽파(5대), 홍고추(1개), 생굴(2컵)
육수 재료 물(4컵), 무(1토막=150g), 다시마(10×5cm)
양념 새우젓(0.3), 소금(0.3), 다진 마늘(0.5), 후춧가루(약간)

01 배추는 막대 모양으로 썰고, 무는 5mm 두께로 얇게 썰고,

02 표고버섯은 납작 썰고, 애느타리버섯은 낱낱이 가르고,

03 미나리와 쪽파는 5cm 길이로 썰고, 홍고추도 같은 길이로 채 썰고,

04 굴은 소금물(물3컵+소금0.5)에 흔들어 씻어 물기를 빼고,

05 냄비에 **육수 재료**를 넣고 끓어오르면 다시마를 건지고 중간 불에서 10분간 더 끓이고,

06 전골냄비에 준비된 재료를 보기 좋게 돌려 담아 육수를 부은 뒤 **양념**을 넣고 끓여 마무리.

버섯과 들깨가 만나 목 넘김도 못 느낄 만큼 부드럽게 넘어가요.
버섯이 익으며 나오는 수분이 많으니
육수의 양을 지나치게 잡지 않도록 하세요.

버섯들깨전골 고소함의 절정

FOR 2

필수 재료 표고버섯(2개), 새송이버섯(1개), 느타리버섯(1줌=50g), 팽이버섯(½줌), 대파(2대)
육수 재료 물(4컵), 무(1토막=150g), 다시마(10×5cm)
양념 소금(0.3), 국간장(1), 다진 마늘(1), 거피 들깻가루(6), 후춧가루(약간)

01 냄비에 **육수 재료**를 넣고 끓어오르면 다시마를 건지고 중간 불에서 10분간 더 끓이고,

무는 5cm 폭으로 납작 썰어 준비해요.

02 표고버섯과 새송이버섯은 납작 썰고, 느타리버섯은 먹기 좋게 찢고, 팽이버섯은 밑동을 잘라내고,

03 대파는 세로로 길게 반으로 갈라 4cm 길이로 썰고,

04 전골냄비에 버섯과 대파를 돌려 담고 육수(3컵)를 자작하게 붓고,

05 중간 불에서 끓여 버섯이 익으면 국간장과 소금으로 간한 뒤 다진 마늘, 거피 들깻가루, 후춧가루를 넣고 가볍게 끓여 마무리.

입맛도 없고 기력이 딸릴 땐 낙지전골로 몸보신 하세요.
칼칼하고 시원한 국물이 정말 일품이랍니다.
낙지는 육수에 데쳐 넣어야 질겨지지 않아요.

낙지전골 낙지로 기력 보충

FOR 2

필수 재료 낙지(3마리=500g), 애호박(⅓개), 대파(1대), 양파(½개)
선택 재료 애느타리버섯(2줌=100g), 당근(⅓개), 미나리(60g)
육수 재료 물(4½컵), 무(1토막=150g), 다시마(10×5cm)
양념장 설탕(0.5)+청주(1.5)+간장(1.5)+고춧가루(1)+고추장(3)+다진 파(1)+다진 마늘(0.5)+참기름(0.3)
+후춧가루(약간)

무는 큼직하게 썰어 준비해요.

01 냄비에 **육수 재료**를 넣고 끓어오르면 다시마를 건지고 중간 불에서 10분간 더 끓이고,

02 낙지는 몸통을 갈라 내장과 눈을 뺀 뒤 소금, 밀가루 순으로 바락바락 주물러 씻어 깨끗이 헹구고,

03 낙지는 육수에 살짝 데쳐 4cm 길이로 썰고, **양념장**은 섞어두고,

04 애느타리버섯은 낱낱이 가르고, 애호박은 반달 썰고, 당근은 세로로 반 갈라 길게 납작썰고,

05 대파는 세로로 반 갈라 5cm로 썰고, 미나리도 같은 길이로 썰고, 양파는 5mm 두께로 채 썰고,

부족한 간은 소금으로 맞춰요.

06 전골 냄비 바닥에 무를 깔고 채소를 돌려 담은 뒤 중앙에 낙지와 양념장을 얹어 육수를 붓고 끓여 마무리.

샤브샤브용 쇠고기에 버섯과 채소를 돌돌 말아 익혀 먹는 전골이에요.
넉넉한 채소와 고기를 함께 먹을 수 있어서 좋고,
가지런히 담아내면 모양도 예뻐서 손님 상차림에도 좋아요

쇠고기버섯말이전골 돌돌 말아 만든

FOR 2

필수 재료 쇠고기 채끝살(200g), 배추(5장), 표고버섯(3개), 팽이버섯(1봉), 쑥갓(5줄기)
육수 재료 물(5컵), 무(1토막=150g), 다시마(10×5cm)
양념 참치액(1.5), 다진 마늘(0.5), 소금(적당량), 후춧가루(약간)

무는 5cm 폭으로 납작 썰어 준비해요.

01 냄비에 **육수 재료**를 넣고 끓어오르면 다시마를 건지고 중간 불에서 10분간 더 끓이고,

02 배추(2장)는 5cm 길이로 채 썰고, 팽이버섯(½봉)은 밑동을 자르고, 쑥갓도 같은 길이로 등분하고, 표고버섯(2개)은 채 썰고,

쇠고기는 얇게 납작 썰어 준비해요. 샤브샤브용을 사용해도 좋아요.

03 쇠고기를 도마 위에 한 장 씩 펴고 배추, 표고버섯, 팽이버섯, 쑥갓을 올려 돌돌 말고,

04 쑥갓을 제외한 남은 채소를 먹기 좋게 썰어 냄비 바닥에 깔고 그 위에 쇠고기말이를 보기 좋게 돌려 담고,

부족한 간은 소금으로 맞춰요.

05 육수에 참치액, 다진 마늘, 후춧가루를 섞어 부은 뒤 남은 쑥갓을 중앙에 올려 끓여 마무리.

배추김치에 고기와 두부를 돌돌 말아 만든 김치보쌈를 넣고 맛있는 전골을 끓여보세요.
보글보글 끓여 먹다 보면 추위에 얼었던 몸과 마음이 금방 따뜻해질 거예요

무는 5cm 폭으로 납작 썰어 준비해요.

김치보쌈전골 삼합처럼 즐기는

FOR 2

필수 재료 애호박(1/4개), 양파(1/2개), 미나리(100g), 두부(1모=300g), 익은 배추김치(500g), 다진 쇠고기(150g)
육수 재료 물(4컵), 무(2/3토막=100g), 다시마(10×5cm),
고기 양념 소금(0.2), 후춧가루(약간), 다진 파(1), 다진 마늘(0.5), 깨소금(0.2), 참기름(0.3)
양념장 설탕(0.2)+고춧가루(3)+맛술(2)+국간장(1.5)+고추장(1)+후춧가루(약간)

01 냄비에 **육수 재료**를 넣고 끓어오르면 다시마를 건지고 중간 불에서 10분간 더 끓이고,

02 애호박은 5cm 길이로 썰어 반 갈라 세로로 납작 썰고, 양파는 5mm 두께로 채 썰고, 미나리는 5cm 길이로 썰고,

03 두부는 반은 1cm 두께로 사각 썰고, 나머지는 물기를 뺀 뒤 곱게 으깨고,

04 김치는 밑동을 잘라내고, 큰 잎은 따로 8장 챙겨 두고, 나머지는 잘게 다져 물기를 짜고,

05 다진 쇠고기, 으깬 두부, 다진 김치에 **고기 양념**을 넣고 치대 반죽한 뒤 도마 위에 김치 잎을 펴고 적당량씩 얹어 돌돌 여며 말고,

식성에 따라 김칫국물이나 소금으로 간을 맞춰요.

06 전골냄비에 김치보쌈과 두부, 미나리를 제외한 채소, 당면을 보기 좋게 돌려 담아 육수를 부은 뒤 **양념장**과 미나리를 얹고 끓여 마무리.

219

고기도 먹고 싶고, 낙지도 먹고 싶다면? 해답은 불낙전골이죠.
달콤한 불고기와 쫄깃한 낙지, 각종 채소를 넣어 보기에도 푸짐해요.
얼큰한 국물 한입 먼저 떠서 맛보고, 밥에 건더기를 넣고 슥슥 비벼 먹어요.

불낙전골 바다와 육지의 만남

FOR 2

필수 재료 낙지(2마리=300g), 쇠고기 불고기용(300g), 대파(1대), 양파(½개)
선택 재료 표고버섯(3개), 새송이버섯(2개), 애느타리버섯(2줌=100g), 미나리(60g)
육수 재료 물(4½컵), 무(1토막=150g), 국물용 멸치(10마리), 다시마(10×5cm)
낙지 양념장 청주(1.5)+간장(1.5)+고춧가루(1)+고추장(3)+다진 파(1)+다진 마늘(0.5)+참기름(0.3)+후춧가루(약간)
불고기 양념장 설탕(1)+청주(1.5)+간장(3)+다진 파(1)+다진 마늘(0.5)+참기름(0.3)+후춧가루(약간)

01 낙지는 몸통을 갈라 내장과 눈을 뺀 뒤 소금, 밀가루 순으로 바락바락 주물러 씻어 깨끗이 헹구고,

02 냄비에 **육수 재료**를 넣고 끓어오르면 다시마를 건지고, 중간 불에서 10분간 더 끓여 멸치도 체로 거르고,

무는 10분 더 익혀 육수를 낸 뒤 건져내요.

03 낙지는 육수에 살짝 데쳐 4cm 길이로 썬 뒤 **낙지 양념장**에 버무리고,

04 쇠고기는 한입 크기로 썰어 **불고기 양념장**에 재우고, 표고버섯은 채 썰고, 애느타리버섯은 낱낱이 가르고,

05 표고버섯은 채 썰고, 애느타리버섯은 낱낱이 가르고, 대파는 세로로 반 갈라 5cm로 썰고, 미나리도 5cm로 자르고, 양파는 5mm 두께로 채 썰고,

06 전골냄비 바닥에 무를 깔고 쇠고기와 채소를 돌려 담은 뒤 낙지를 얹어 육수를 붓고 끓여 마무리.

삼겹살과 김치는 말이 필요 없는 조합이죠! 끓는 냄새만으로도 침이 꼴깍 넘어간답니다.
삼겹살에 칼집을 넣어 주면 국물 맛이 한결 더 진하고 깊어져요.

삼겹살김치전골 삼겹살엔 김치!

FOR 2

필수 재료 두부(½모=150g), 당면(50g), 양파(½개), 대파(1대), 익은 배추김치(300g), 삼겹살(200g)
양념장 물(3컵)+설탕(0.3)+소금(0.2)+고춧가루(1)+국간장(1.5)+김칫국물(¼컵)+고추장(2)+다진 마늘(1)+후춧가루(약간)

01 두부는 1cm 두께로 사각 썰고, 당면은 찬물에 30분 불리고,

02 양파는 5mm 두께로 채 썰고, 대파는 어슷 썰고,

03 김치는 두부와 비슷한 크기로 썰고,

04 칼을 비스듬히 눕혀 삼겹살에 앞뒤 다른 방향으로 칼집을 넣은 뒤 한입 크기로 썰고,

05 전골냄비 바닥에 양파를 깔고 그 위에 두부, 돼지고기, 김치를 보기 좋게 돌려 담고,

06 **양념장**을 부어 뚜껑을 열고 중간 불에서 10분간 익힌 뒤 당면, 대파를 넣고 당면이 다 익을 때까지 끓여 마무리.

아작아작 씹는 맛이 좋은 우엉을 불고기와 함께 전골로 요리했어요.
푸짐한 건더기는 기본! 국물에 우엉 향이 은은하게 퍼져 자꾸 떠먹게 돼요.
우엉을 어슷하게 썰어 넣으면 식감도 한결 부드러워요.

불고기우엉전골 우엉 향이 예술

FOR 2

필수 재료 쇠고기 불고기용(300g), 다시마(10×5cm), 우엉(1대), 대파(1대)
선택 재료 당면(20g), 양파(½개)
불고기 양념 설탕(1), 간장(4), 다진 마늘(0.5), 참기름(0.2), 후춧가루(약간)
양념 참치액(1.5), 국간장(1), 다진 마늘(0.3), 소금(약간), 후춧가루(약간)

01 쇠고기는 키친타월을 받쳐 핏물을 뺀 뒤 한입 크기로 썰어 **불고기 양념**에 버무리고,

02 다시마는 찬물(4컵)에 담가 두고, 당면은 찬물에 30분간 불리고,

03 우엉은 어슷하게 납작 썰고, 양파는 4mm 폭으로 채 썰고, 대파는 어슷 썰고,

04 뚝배기에 양파, 우엉을 넣고 다시마물을 부어 끓기 직전에 다시마는 건지고,

05 참치액과 국간장으로 간한 뒤 당면을 넣어 익히고,

끓어오르며 생기는 거품은 바로바로 걷어주세요

06 당면이 반쯤 익으면 불고기를 넣어 익힌 뒤 불을 끄고 대파, 다진 마늘, 소금, 후춧가루를 넣고 한소끔 끓여 마무리.

재료만 미리 준비하면 함께 끓여 가며 먹을 수 있어서
손님 오신 날에 만들면 좋은 요리예요.
육수와 재료는 넉넉히 준비해 주시고요.
남은 국물에 사리를 더하거나 죽을 끓여도 좋아요.

샤브샤브
도란도란 끓여 먹는

FOR 2

필수 재료 배추(2장), 쑥갓(5줄기), 표고버섯(3개), 쇠고기 샤브샤브용(300g)
선택 재료 애느타리버섯(1줌=50g), 팽이버섯(1봉), 곤약(150g)
육수 재료 물(5컵), 국물용 멸치(10마리), 다시마(10×5cm)
육수 양념 참치액(2), 맛술(3), 소금(0.3), 후춧가루(약간)
참깨소스 설탕(0.5)+곱게 간 참깨가루(2)+땅콩버터(1)+식초(0.5)+맛술(1)+간장(1.5)+물(3)
폰즈소스 간장(2)+식초(2)+청주(2)+레몬 슬라이스(1쪽)

01 냄비에 **육수 재료**를 넣고 끓어오르면 다시마를 건지고 중간 불에서 10분간 더 끓여 멸치도 체로 거르고, **육수 양념**을 넣고.

02 배추는 5cm 길이로 썬 뒤 5mm 폭으로 채 썰고, 쑥갓도 5cm 길이로 썰고.

03 표고버섯은 채 썰고, 애느타리버섯은 낱낱이 가르고, 팽이버섯은 밑동을 썰고.

04 곤약은 1cm 두께로 썰어 가운데 칼집을 낸 뒤 한쪽 끝을 집어 넣고 당겨 모양을 만들고.

05 **참깨소스**와 **폰즈소스**를 만들고.

남은 육수에 칼국수를 끓여도 좋아요.

06 큰 접시에 모든 재료를 보기 좋게 담고, 육수가 끓으면 재료를 넣어 익힌 뒤 소스를 찍어 마무리.

남은 불고기가 있다면 냉장고의 채소와 육수를 더해 불고기 뚝배기를 끓여 보세요.
이거 하나면 다른 반찬이 필요 없답니다. 국물이 자작해 덮밥처럼 즐겨도 좋아요.

01 쇠고기는 키친타월을 받쳐 핏물을 뺀 뒤 한입 크기로 썰어 **불고기 양념**에 버무리고,

불고기뚝배기
국물까지 맛있는

FOR 2

필수 재료 쇠고기 불고기용(300g), 다시마(10×5cm), 당면(20g), 양파(½개), 대파(1대)
선택 재료 배추(2장), 표고버섯(2개), 팽이버섯(50g)
불고기 양념 설탕(1), 간장(4), 다진 마늘(0.5), 참기름(0.2), 후춧가루(약간)
양념 참치액(1.5), 국간장(1), 소금(약간)

02 다시마는 찬물(4컵)에 담가두고, 당면은 찬물에 30분간 불리고,

03 배추는 한입 크기로 편으로 썰고, 양파는 5mm 폭으로 채썰고,

04 표고버섯은 얇게 채 썰고, 대파는 어슷 썰고, 팽이버섯은 밑동을 잘라내고,

05 뚝배기에 배추, 양파, 표고버섯을 넣고 다시마물을 부어 끓기 직전에 다시마는 건지고,

06 참치액과 국간장으로 간한 뒤 당면을 넣어 익히고,

07 당면이 반쯤 익으면 불고기를 넣어 부드럽게 익으면 소금으로 간하고 대파, 팽이버섯을 얹어 마무리.

다양한 해물을 듬뿍 넣고 된장을 풀어 끓인 해물 뚝배기.
해물의 맛과 향이 진하게 우러낸 국물 맛에 없던 입맛도 살아나요.
간은 슴슴하게 해야 해물의 시원함이 더 잘 느껴진답니다.

해물뚝배기 바다의 맛을 담은

FOR 2

재료 무(⅔토막=100g), 애호박(¼개), 애느타리버섯(½줌=50g), 대파(15cm), 홍합(10개), 새우(3마리), 전복(1개), 오만둥이(½컵)
양념 된장(2), 다진 마늘(0.5), 다진 생강(0.2)

01 무는 얄팍하게 납작 썰고, 애호박은 5mm 두께로 반달 썰고,

02 애느타리버섯은 낱낱이 가르고, 대파는 어슷 썰고,

03 홍합은 비벼 씻어 수염을 떼어내고, 새우는 수염을 제거한 뒤 두 번째 마디를 구부려 이쑤시개로 내장을 빼고,

04 전복은 솔로 껍질까지 문질러 씻어 숟가락으로 살을 떼어낸 뒤 입을 제거하고 칼집을 넣어 다시 껍질 안에 넣어주고,

05 뚝배기에 납작 썬 무와 홍합, 오만둥이를 넣고 물(3컵)을 부어 홍합의 입이 벌어질 때까지 끓이고,

06 된장을 풀고 애호박, 애느타리버섯, 새우, 전복을 넣어 끓인 뒤 거품을 걷어내고 다진 마늘, 다진 생강, 대파를 넣어 한소끔 끓여 마무리.

Index

ㄱ
가지국·46
가지냉국·48
갈비탕·182
갈칫국·40
감잣국·36
강된장찌개·106
건새우아욱국·54
굴전골·210
근대된장국·26
김냉국·49
김치보쌈전골·218

ㄲ
꽃게매운탕·164

ㄴ
낙지연포탕·176
낙지전골·214
냉이된장국·28

ㄷ
달걀김국·70
닭개장·202

닭고기고추장찌개·142
더덕들깨탕·180
도다리쑥국·72
도미매운탕·160
도토리묵국·38
동태찌개·152
돼지고기고추장찌개·134
돼지고기김치찌개·128
돼지등뼈감자탕·188
된장찌개·104
두부전골·206
들깨미역국·76
들깨순두부찌개·120

ㅁ
만두전골·208
맑은새우젓국찌개·148
매생이굴국·68
매운쇠고기뭇국·86
멸치김치찌개·100
멸치시래기된장찌개·110
명란젓늙은호박찌개·152
모시조개맑은국·44
모시조개새우완자탕·174
모시조개콩나물국·64
미역국·34

미역오이냉국·94

ㅂ
바지락백순두부찌개·118
바지락시금치된장국·52
방울토마토모시조개국·66
배추된장국·24
버섯들깨전골·212
번데기탕·172
봄동콩나물국·62
부대찌개·140
북엇국·42
불고기뚝배기·228
불고기우엉전골·224
불낙전골·220

ㅅ
사골곰국·90
삼겹살김치전골·222
삼계탕·184
상추된장국·30
생태맑은탕·158
샤브샤브·226
쇠고기두부찌개·114
쇠고기뭇국·84

쇠고기미역국·80
쇠고기버섯말이전골·216
쇠고기얼갈이배춧국·88
쇠고기완자탕·190
순두부명란찌개·126

중식달걀탕·186

ㅉ
짬뽕찌개·138

ㅍ
파개장·200

ㅎ
해물뚝배기·230
해물순두부찌개·122
햄치즈순두부찌개·124
홍합미역국·74
홍합탕·170
황태들깨미역국·78

ㅇ
아귀탕·166
알탕·168
애탕·192
어묵전골·204
어묵채소찌개·146
오이감정·154
오이지냉국·50
오징어뭇국·82
오징어찌개·144
우거지해장국·92
우렁냉이된장찌개·108
육개장·198
일식 두부된장국·31
임자수탕·196

ㅊ
차돌박이된장찌개·112
참치감자찌개·136
참치김치찌개·130
청국장찌개·116
초계탕·194
추어탕·178

ㅋ
콩나물국·32
콩나물김칫국·58
콩나물뭇국·56
콩비지김치찌개·102

ㅌ
토마토오이냉국·96
통조림꽁치김치찌개·132

ㅈ
전주식 콩나물국·60
조기매운탕·162

계량스푼을 활용한 재료 보기

계량스푼을 사용하는 게 더 편하고 익숙한 분들을 위해 재료 분량을 다시 한 번 정리했어요.

Part 2.
매일매일 빠질 수 없는 국

〈한 가지 재료로 만들어요〉

배추된장국
2인분
필수 재료: 배추(5장=150g), 대파(15cm)
육수 재료: 쌀뜨물(4컵), 국물용 멸치(10마리), 다시마(10×5cm)
양념: 된장(2큰술), 다진 마늘(1작은술)

근대된장국
2인분
필수 재료: 근대잎(8~10장=150g), 대파(15cm)
육수 재료: 물(4컵), 국물용 멸치(10마리), 다시마(10×5cm)
양념: 된장(2큰술), 다진 마늘(1작은술)

냉이된장국
2인분
필수 재료: 냉이(2줌=150g), 대파(15cm)
육수 재료: 쌀뜨물(4컵), 국물용 멸치(10마리), 다시마(10×5cm)
양념: 된장(2큰술), 다진 마늘(1작은술)

상추된장국
2인분
필수 재료: 상추(2줌=80g), 대파(15cm)
육수 재료: 쌀뜨물(4컵), 국물용 멸치(10마리), 다시마(10×5cm)
양념: 된장(2큰술), 다진 마늘(1작은술)

일식 두부된장국
2인분
필수 재료: 부드러운 두부($\frac{1}{2}$모=100g), 쪽파(1대)
선택 재료: 불린 미역($\frac{1}{2}$컵), 팽이버섯($\frac{1}{2}$줌)
육수 재료: 물(4컵), 국물용 멸치($\frac{1}{2}$줌), 다시마(10×5cm)
양념: 참치액(2작은술), 미소된장(2큰술)

콩나물국
2인분
필수 재료: 콩나물(2$\frac{1}{2}$줌=150g), 대파(15cm)
양념: 들기름(1큰술), 소금(1작은술), 다진 마늘(1작은술)

미역국
2인분
필수 재료: 마른 미역(1컵=15g)
육수 재료: 물(4$\frac{1}{2}$컵), 국물용 멸치(10마리), 다시마(10×5cm)
양념: 참기름(1큰술), 국간장(1작은술), 참치액(2작은술), 다진 마늘(1작은술)

감잣국
3인분
필수 재료: 감자(중간 크기 2개), 대파(15cm)
육수 재료: 물(4컵), 국물용 멸치(10마리), 다시마(10×5cm)
양념: 소금(1작은술), 다진 마늘(1작은술), 후춧가루(약간)

도토리묵국
2인분
필수 재료: 익은 배추김치(1컵), 오이($\frac{1}{2}$개), 도토리묵($\frac{1}{2}$모=250g), 김(1장)
육수 재료: 물(4컵), 국물용 멸치(8마리), 다시마(10×5cm)
김치양념: 설탕($\frac{1}{2}$작은술), 참기름(1작은술)
양념: 소금(약간), 후춧가루(약간), 국간장(2작은술), 참치액(2작은술), 참깨(약간)

갈칫국
2인분
필수 재료: 얼갈이배추(2포기), 늙은 호박(200g), 대파(1대), 청양고추(2개), 홍고추(1개), 갈치(1마리=4토막)
양념: 참치액(2작은술), 소금(1작은술), 다진 마늘(1작은술), 후춧가루(약간)

북엇국
2인분
필수 재료: 황태포(2줌), 쌀뜨물(4컵), 달걀(2개), 대파(1대), 두부($\frac{1}{2}$모)
양념: 새우젓(1큰술), 국간장(1큰술), 소금(약간), 다진 마늘($\frac{1}{2}$큰술), 참기름(1큰술), 후춧가루(약간)

모시조개맑은국
2인분
필수 재료: 모시조개(300g), 쪽파(2대), 마늘(1쪽)
선택재료: 홍고추($\frac{1}{2}$개), 청양고추(1개)
양념: 소금(1큰술), 마늘(1쪽)

가지국
2인분
필수 재료: 가지(3개), 대파(15cm)
육수 재료: 물(4컵), 국물용 멸치(5마리), 디포리(3마리), 다시마(10×5cm)
양념: 들기름(1$\frac{1}{2}$큰술), 국간장(1큰술), 소금($\frac{1}{2}$큰술), 다진 마늘(1작은술)

가지냉국
2인분
필수 재료: 쪽파(1대), 홍고추($\frac{1}{2}$개), 가지(2개), 다시마(10×5cm)
밑간: 국간장($\frac{1}{3}$작은술), 다진 마늘($\frac{1}{2}$작은술)
냉국 국물: 생수(3컵)+소금(1작은술)+설탕(4큰술)+식초($\frac{1}{2}$컵)

김냉국
2인분
필수 재료: 김(4장), 쪽파(1대)

육수 재료: 물(3½컵), 국물용 멸치(8마리), 다시마(10×5cm)
양념: 국간장(2작은술), 참치액(2작은술), 후춧가루(약간), 소금(약간), 참깨(약간)

오이지냉국
2인분
필수 재료: 오이지(2개), 쪽파(1대)
냉국 국물: 생수(3컵), 소금(1큰술), 설탕(4큰술), 식초(½컵)

〈두 가지 재료로 만들어요〉

바지락시금치된장국
2인분
필수 재료: 바지락(1봉=200g), 시금치(2줌=200g), 대파(15cm)
육수 재료: 물(4컵), 다시마(10×5cm)
양념: 소금(1큰술), 된장(2큰술), 다진 마늘(1작은술)

건새우아욱국
2인분
필수 재료: 아욱(1½줌=120g), 건새우(⅔컵), 대파(15cm)
양념: 된장(2큰술), 다진 마늘(1작은술)

콩나물뭇국
2인분
필수 재료: 콩나물(2줌=100g), 무(1토막=150g), 대파(15cm)
육수 재료: 물(4컵), 국물용 멸치(8마리), 다시마(10×5cm)
양념: 소금(1작은술), 다진 마늘(1작은술)

콩나물김칫국
2인분
필수 재료: 두부(½모=100g), 대파(15cm), 익은 배추김치(1컵=100g), 콩나물(2줌=100g)
육수 재료: 물(4컵), 국물용 멸치(10마리), 다시마(10×5cm)
양념: 김칫국물(¼컵), 국간장(1작은술), 다진 마늘(1작은술), 소금(약간)

전주식 콩나물국
2인분
필수 재료: 콩나물(2줌=100g), 익은 배추김치(⅓컵), 대파(15cm), 오징어(½마리)
선택 재료: 달걀(2개), 청양고추(1개), 김(1장)

육수 재료: 물(5컵), 국물용 멸치(10마리), 다시마(10×5cm)
양념: 김칫국물(¼컵), 새우젓(2작은술), 다진 마늘(1작은술), 소금(약간)

봄동콩나물국
2인분
필수 재료: 봄동(2포기=200g), 대파(15cm), 콩나물(1줌=50g)
선택 재료: 청양고추(1개)
육수 재료: 물(4컵), 국물용 멸치(10마리), 다시마(10×5cm)
양념: 된장(2큰술), 고추장(1작은술), 다진 마늘(1작은술), 소금(1작은술)

모시조개콩나물국
2인분
필수 재료: 모시조개(200g), 대파(15cm), 마늘(1쪽), 콩나물(2줌=100g)
양념: 새우젓국물(2작은술), 청주(1큰술), 후춧가루(약간), 소금(½작은술)

방울토마토모시조개국
2인분
필수 재료: 모시조개(150g), 방울토마토(10개=150g), 청경채(1~2포기), 마늘(1쪽)
양념: 소금(1작은술), 후춧가루(약간)

매생이굴국
2인분
필수 재료: 매생이(1컵), 생굴(1½컵)
육수 재료: 물(4컵), 국물용 멸치(10마리), 다시마(10×5cm)
양념: 소금(1작은술), 참치액(2작은술), 국간장(1작은술), 다진 마늘(1작은술)

달걀김국
2인분
필수 재료: 김(2장), 달걀(2개), 쪽파(2대)
양념: 소금(약간), 참치액(1큰술), 후춧가루(약간)

도다리쑥국
2인분
필수 재료: 도다리(1마리=500g), 대파(15cm), 홍고추(1개), 쑥(1줌)
육수 재료: 물(4컵), 무(1토막=150g), 다시마(10×5cm)
양념: 된장(1큰술), 국간장(2작은술), 소금(약간), 후춧가루(약간), 다진 마늘(½큰술)

홍합미역국
2인분
필수 재료: 홍합(500g), 마른 미역15g)
양념: 국간장(2작은술), 참치액(1작은술), 다진 마늘(½큰술)

들깨미역국
2인분
필수 재료: 마른 미역(15g), 거피 들깻가루(½컵)
양념: 들기름(1½큰술), 다진 마늘(½큰술), 국간장(2작은술), 참치액(1큰술)

황태들깨미역국
2인분
필수 재료: 황태포(2줌), 말른 미역(10g), 거피 들깻가루(⅓컵)
양념: 참기름(2작은술), 국간장(1½큰술), 다진 마늘(½큰술), 소금(⅓작은술), 후춧가루(약간)

쇠고기미역국
2인분
필수 재료: 쇠고기 양지머리(150g), 마른 미역(15g)
고기 삶는 재료: 대파잎(1대), 마늘(2쪽), 통후추(⅓작은술)
양념: 참기름(2작은술), 국간장(1½큰술), 다진 마늘(1큰술), 소금(약간)

오징어뭇국
2인분
필수 재료: 오징어(1마리=250g), 무(1토막=150g), 대파(15cm)
육수 재료: 물(4컵), 국물용 멸치(10마리), 다시마(10×5cm)
양념: 고춧가루(1큰술), 국간장(1큰술), 소금(½작은술), 다진 마늘(½큰술), 후춧가루(약간)

쇠고기뭇국
2인분
필수 재료: 쇠고기 양지머리(150g), 무(2토막=300g), 대파(1대)
고기 밑양념: 청주(1큰술), 다진 마늘(1작은술), 후춧가루(약간)
양념: 참기름(2작은술), 국간장(2작은술), 다진 마늘(1작은술), 소금(1작은술), 후춧가루(약간)

매운쇠고기뭇국

2인분

필수 재료: 쇠고기 양지머리(150g), 무(1$\frac{1}{3}$토막=200g), 대파(1대)

선택 재료: 양파($\frac{1}{2}$개)

고기 밑양념: 청주(1큰술), 다진 마늘(1작은술), 후춧가루(약간)

양념: 참기름(2작은술), 고춧가루(2큰술), 국간장(1$\frac{1}{3}$큰술), 다진 마늘(1작은술), 소금($\frac{1}{2}$작은술), 후춧가루(약간)

쇠고기얼갈이배춧국

2인분

필수 재료: 쇠고기 양지머리(200g), 얼갈이배추(300g), 대파(1대)

양념: 된장(2큰술), 다진 마늘($\frac{1}{2}$큰술), 후춧가루(약간), 국간장(적당량)

사골곰국

2인분

필수 재료: 사골(2kg), 잡뼈(1kg), 쇠고기 사태나 양지머리(300g), 대파(1대)

양념: 소금(적당량), 후춧가루(적당량)

우거지해장국

2인분

쇠고기 양지머리(150g), 삶은 우거지(200g), 대파(2대)

양념: 고춧가루(1큰술), 된장(2큰술), 다진 마늘($\frac{1}{2}$큰술), 후춧가루(약간)

미역오이냉국

2인분

필수 재료: 오이($\frac{1}{2}$개), 홍고추($\frac{1}{2}$개), 마른 미역($\frac{1}{2}$컵=8g)

미역 밑간: 국간장($\frac{1}{2}$작은술)+다진 마늘($\frac{1}{2}$작은술)

냉국 국물: 생수(3컵)+소금(1큰술)+설탕(4큰술)+식초($\frac{1}{2}$컵)

토마토오이냉국

2인분

필수 재료: 쪽파(1대), 오이($\frac{1}{2}$개), 토마토(1개)

냉국 국물: 생수(3컵)=소금(1큰술)+설탕(4큰술)+식초($\frac{1}{2}$컵)

Part 3.
보글보글 밥맛 살리는 찌개

멸치김치찌개

2인분

필수 재료: 두부($\frac{1}{3}$모), 청양고추(1개), 대파(1대), 익은 배추김치(300g)

육수 재료: 물(3컵), 국물용 멸치(8마리), 다시마(10×5cm)

양념: 설탕($\frac{1}{2}$작은술), 다진 마늘(1작은술), 소금(약간), 김칫국물(3큰술), 후춧가루 (약간)

콩비지김치찌개

2인분

필수 재료: 익은 배추김치(150g), 돼지고기(100g), 대파(15cm), 콩비지(1컵)

선택 재료: 청양고추(1개), 양파($\frac{1}{2}$개)

육수 재료: 물(3 $\frac{1}{2}$컵), 국물용 멸치(9마리), 다시마(10×5cm)

밑간: 청주(1큰술)+다진 생강($\frac{1}{2}$작은술)+후춧가루(약간)

양념: 김칫국물(3큰술), 다진 마늘(1작은술), 고춧가루(1큰술), 새우젓(1작은술), 소금(약간), 후춧가루(약간)

된장찌개

2인분

필수 재료: 애호박($\frac{1}{4}$개), 양파($\frac{1}{2}$개), 두부($\frac{1}{4}$모=75g), 감자(1개), 청양고추(2개), 대파(15cm)

육수 재료: 물(3 $\frac{1}{2}$컵), 국물용 멸치(9마리), 다시마(10×5cm)

양념: 된장(3큰술), 다진 마늘($\frac{1}{2}$큰술), 고춧가루(1작은술)

강된장찌개

2인분

필수 재료: 쇠고기 목심(100g), 불린 표고버섯(4개), 풋고추(1개), 대파(1대)

선택 재료: 홍고추($\frac{1}{2}$개)

양념: 다진 파(1작은술), 다진 마늘($\frac{1}{2}$작은술), 후춧가루(약간), 참기름(1작은술)

양념장: 된장(2 $\frac{1}{2}$큰술)+고추장(2작은술)+꿀($\frac{1}{2}$큰술)+참기름(1작은술)

우렁냉이된장찌개

2인분

필수 재료: 우렁살(100g), 냉이(2줌=100g), 애호박($\frac{1}{4}$개), 양파($\frac{1}{2}$개),대파(15cm)

선택 재료: 두부($\frac{1}{4}$모=75g), 청양고추(1개)

육수 재료: 물(3 $\frac{1}{2}$컵), 국물용 멸치(9마리), 다시마(10×5cm)

양념: 청주(1 $\frac{1}{2}$큰술), 된장(2 $\frac{1}{2}$큰술), 고추장($\frac{1}{2}$큰술), 다진 마늘($\frac{1}{2}$큰술), 고춧가루(1작은술)

멸치시래기된장찌개

2인분

필수 재료: 불린 시래기(200g), 대파(15cm), 청양고추(2개), 홍고추(1개)

육수 재료: 물(3 $\frac{1}{2}$컵), 국물용 멸치(9마리), 다시마(10×5cm)

양념: 된장(3큰술), 다진 마늘($\frac{1}{2}$큰술)

차돌박이된장찌개

2인분

필수 재료: 두부($\frac{1}{4}$모=75g), 양파($\frac{1}{2}$개), 생표고버섯(2개), 애호박($\frac{1}{4}$개), 청양고추 (2개), 대파(1대), 차돌박이(150g)

양념: 된장(3큰술), 다진 마늘($\frac{1}{2}$큰술), 고춧가루(1작은술)

쇠고기두부찌개

2인분

필수 재료: 쇠고기 등심(100g), 두부($\frac{2}{3}$모=200g), 양파($\frac{1}{2}$개), 대파(1대)

밑간: 국간장(1작은술)+다진 마늘(1작은술)+참기름($\frac{1}{2}$작은술)+후춧가루 (약간)

양념: 고추장(1큰술), 고춧가루(2큰술), 국간장(2작은술), 다진 마늘(1작은술), 소금 (약간)

청국장찌개

2인분

필수 재료: 청국장($\frac{3}{4}$컵=150g), 익은 배추김치(2컵), 두부($\frac{1}{4}$모=75g), 대파(1대), 청양고추(1개)

선택 재료: 애호박($\frac{1}{4}$개), 양파($\frac{1}{2}$개), 홍고추($\frac{1}{2}$개)

육수 재료: 물(3 $\frac{1}{2}$컵), 국물용 멸치(9마리), 다시마(10×5cm)

양념: 김칫국물($\frac{1}{4}$컵), 된장(1큰술), 다진 마늘($\frac{1}{2}$큰술), 고춧가루(1작은술)

바지락백순두부찌개

2인분

필수 재료: 애느타리버섯 (100g), 대파(1대), 해감한 바지락(150g), 새우살($\frac{1}{2}$컵), 순두부(1봉=350g)

양념: 새우젓(1큰술), 다진 마늘(1작은술), 소금(약간)

들깨순두부찌개
2인분
필수 재료: 표고버섯(2개), 애느타리버섯(1줌=50g), 양파($\frac{1}{2}$개), 대파(1대), 순두부(1봉=350g)
육수 재료: 물(3 $\frac{1}{2}$컵), 국물용 멸치(9마리), 다시마(10×5cm)
양념: 국간장(2작은술), 들깻가루(4큰술), 다진 마늘($\frac{1}{2}$큰술), 소금(약간), 후춧가루(약간)

해물순두부찌개
2인분
필수 재료: 바지락(150g), 순두부(1봉=350g), 대파(15cm)
선택 재료: 생굴(100g), 새우(중하, 4마리), 오징어(1마리), 달걀(2개)
양념: 소금(1 $\frac{1}{2}$큰술), 고춧가루(1 $\frac{1}{2}$큰술), 국간장(1큰술), 생강즙(1작은술), 식용유(1큰술), 다진 마늘($\frac{1}{2}$큰술)

햄치즈순두부찌개
2인분
필수 재료: 통조림 햄(1캔=100g), 소시지(2개), 대파(1대), 순두부(1봉=350g), 슬라이스치즈(1장)
선택 재료: 양파($\frac{1}{4}$개), 달걀(2개)
양념장: 고춧가루(1 $\frac{1}{2}$큰술)+국간장(1큰술)+참기름($\frac{1}{2}$큰술), 다진 마늘($\frac{1}{2}$큰술)
양념: 다진 대파(2큰술), 후춧가루(약간)

순두부명란찌개
2인분
필수 재료: 대파(1대), 청양고추(1개), 홍고추($\frac{1}{2}$개), 명란젓(2쪽), 콩나물(1줌=50g), 순두부(1봉=350g)
육수 재료: 물(2 $\frac{1}{2}$컵), 무($\frac{3}{8}$토막=100g), 다시마(10×5cm)
양념: 새우젓(1큰술), 다진 마늘(1작은술), 후춧가루(약간)

돼지고기김치찌개
2인분
필수 재료: 익은 배추김치(300g), 돼지고기 앞다릿살(150g), 대파(1대)
선택 재료: 두부($\frac{1}{2}$모=100g), 청양고추(1개)
밑간: 청주(1큰술)+다진 생강($\frac{1}{2}$작은술)+후춧가루(약간)
양념: 다진 마늘(1작은술), 설탕($\frac{1}{2}$작은술), 소금(약간), 후춧가루(약간)

참치김치찌개
2인분
필수 재료: 익은 배추김치(300g), 통조림 참치(1캔=150g), 대파(1대)
선택 재료: 두부($\frac{1}{2}$모=100g), 청양고추(1개), 홍고추($\frac{1}{2}$개)
양념: 설탕($\frac{1}{2}$작은술), 고춧가루(1큰술), 다진 마늘(1작은술), 소금(약간), 후춧가루(약간)

통조림꽁치김치찌개
2인분
필수 재료: 익은 배추김치(300g), 통조림 꽁치(1캔=400g), 대파(1대)
선택 재료: 청양고추(1개), 홍고추($\frac{1}{2}$개)
양념: 고춧가루(1큰술), 다진 마늘(1작은술), 후춧가루(약간)

돼지고기고추장찌개
2인분
필수 재료: 돼지고기 앞다릿살(150g), 애호박($\frac{1}{2}$개), 두부($\frac{1}{2}$모=150g), 청양고추(1개)
선택 재료: 감자(1개), 홍고추(1개), 대파(15cm), 다시마(10×5cm)
밑간: 청주(1큰술)+다진 마늘(1작은술)+다진 생강($\frac{1}{2}$작은술)+후춧가루(약간)
양념: 고추장(3큰술), 멸치액젓(2작은술), 다진 마늘(1작은술), 후춧가루(약간)

참치감자찌개
2인분
필수 재료: 감자(1개), 양파($\frac{1}{2}$개), 청양고추(2개), 대파(1대), 통조림 참치(1캔=150g)
양념: 고추장(2큰술), 고춧가루(1작은술), 다진 마늘($\frac{1}{2}$큰술), 소금(약간), 후춧가루(약간)

짬뽕찌개
2인분
필수 재료: 홍합(500g), 오징어(1마리), 대파(1대), 마늘(1쪽), 생강(1쪽), 배추(2장), 목이버섯(2개), 양파($\frac{1}{2}$개), 돼지고기(100g)
밑간: 청주(1작은술)+간장(1작은술)+후춧가루(약간)
양념: 고춧가루(3큰술), 굴소스(1 $\frac{1}{2}$큰술), 국간장(2작은술), 소금(적당량), 후춧가루(적당량)

부대찌개
2인분
필수 재료: 통조림 햄($\frac{1}{2}$통=200g), 소시지(5개), 대파(1대), 김치($\frac{3}{8}$컵), 쇠고기 다짐육(1줌=100g)
선택 재료: 다시마(10×5cm), 양파($\frac{1}{2}$개), 두부($\frac{1}{2}$모=100g), 라면사리(1개), 슬라이스치즈(1장)
양념장: 고춧가루(2큰술)+고추장(1큰술)+국간장(2큰술)+청주(2작은술)+다진 마늘(1큰술)+소금(약간)+후춧가루(약간)

닭고기고추장찌개
2인분
필수 재료: 토막 낸 닭($\frac{1}{2}$마리=500g), 감자(1개), 양파($\frac{1}{2}$개), 대파(1대)
선택 재료: 깻잎(10장), 애느타리버섯(1줌=50g), 떡볶이 떡(100g)
육수 재료: 물(5컵), 무(1토막=150g), 다시마(10×5cm)
양념: 고추장(3큰술), 국간장(1 $\frac{1}{2}$큰술), 다진 생강(1작은술), 다진 마늘(1큰술), 고춧가루(2큰술), 소금(약간), 후춧가루(약간)

오징어찌개
2인분
필수 재료: 오징어(1마리=250g), 애호박($\frac{1}{2}$개), 홍고추(1개), 풋고추(1개), 대파(15cm), 무(1토막=150g)
선택 재료: 느타리버섯(1줌=50g), 미나리($\frac{1}{2}$줌)
양념: 고추장(1큰술), 고춧가루(2큰술), 청주(2작은술), 국간장(1 $\frac{1}{2}$큰술), 다진 마늘(1작은술), 소금(약간), 후춧가루(약간)

어묵채소찌개
2인분
필수 재료: 감자(1개), 애호박($\frac{1}{2}$개), 대파(1대), 애느타리버섯(1줌=50g), 모둠어묵(150g)
육수 재료: 물(3 $\frac{1}{2}$컵), 국물용 멸치(9마리), 다시마(10×5cm)
양념: 고추장(1큰술), 고춧가루(1큰술), 국간장(1큰술), 다진 마늘($\frac{1}{2}$큰술), 다진 생강($\frac{1}{2}$작은술), 후춧가루(약간), 소금(약간)

맑은새우젓국찌개
2인분
필수 재료: 생굴(200g), 두부($\frac{1}{2}$모=150g), 쪽파(3대), 홍고추(1개)
양념: 소금(1작은술), 마늘(1쪽), 새우젓(2큰술), 참기름(1작은술), 후춧가루(약간)

명란젓늙은호박찌개
2인분
필수 재료: 늙은 호박(300g), 청경채(1포기), 마늘(1쪽), 홍고추(1개), 명란젓(4쪽)
양념: 새우젓(2큰술), 후춧가루(약간)

동태찌개
2인분
필수 재료: 동태(1마리), 무(1 $\frac{1}{3}$토막=200g), 두부($\frac{1}{3}$모=100g), 애호박($\frac{1}{3}$개), 대파(2대)
선택 재료: 풋고추(1개), 홍고추(1개), 쑥갓(3줄기)
양념: 고추장(1큰술), 다진 생강($\frac{1}{2}$작은술), 고춧가루(1큰술), 국간장(2작은술), 다진 마늘($\frac{1}{2}$큰술), 소금(적당량), 후춧가루(약간)

오이감정
2인분
필수 재료: 오이(2개), 쇠고기 등심(100g), 양파($\frac{1}{2}$개), 홍고추(1개), 풋고추(1개), 대파(15cm)
밑간: 국간장(1작은술)+다진 마늘(1작은술)+참기름($\frac{1}{2}$작은술)+후춧가루(약간)
양념: 고추장(3큰술), 된장(1큰술), 다진 마늘($\frac{1}{2}$큰술), 소금(약간)

Part 4.
오손도손 푸짐하게 즐기는
탕 & 전골

생태맑은탕
2인분
필수 재료: 생태(1마리), 무(1$\frac{1}{3}$토막=200g), 두부($\frac{1}{3}$모=100g), 애호박($\frac{1}{3}$개), 대파(1대)
선택 재료: 청양고추(2개), 홍고추(1개), 쑥갓(3줄기)
양념: 다진 생강($\frac{1}{2}$작은술), 국간장(2작은술), 다진 마늘($\frac{1}{2}$큰술), 소금(적당량), 후춧가루(약간)

도미매운탕
2인분
필수 재료: 도미(1마리), 애호박($\frac{1}{4}$개), 두부($\frac{3}{5}$모=100g), 미나리($\frac{1}{2}$줌), 콩나물(1줌=60g)
선택 재료: 양파($\frac{1}{4}$개), 대파(1대), 풋고추(1개), 홍고추(1개)
육수 재료: 물(4컵), 무($\frac{3}{5}$토막=100g), 다시마(10×5cm)
양념: 고추장(1큰술), 다진 생강($\frac{1}{2}$작은술), 다진 마늘($\frac{1}{2}$큰술), 고춧가루(2 $\frac{1}{2}$큰술), 국간장(1$\frac{1}{2}$큰술), 소금(약간), 후춧가루(약간)

조기매운탕
2인분
필수 재료: 조기(4마리), 무(1토막=150g), 대파(1대), 풋고추(1개), 홍고추(1개)
선택 재료: 양파($\frac{1}{4}$개), 쑥갓(1줌)
양념: 고추장(1큰술), 된장(1작은술), 다진 생강($\frac{1}{2}$작은술), 청주(1큰술), 고춧가루(2큰술), 다진 마늘($\frac{1}{2}$큰술), 국간장(1큰술), 소금(약간), 후춧가루(약간)

꽃게매운탕
2인분
필수 재료: 꽃게(2마리), 애호박($\frac{1}{4}$개), 대파(1대)
선택 재료: 두부($\frac{1}{4}$모=75g), 양파($\frac{1}{4}$개), 청양고추(1개), 홍고추($\frac{1}{2}$개), 쑥갓(3줄기)
육수 재료: 물(3 $\frac{1}{2}$컵), 무(1토막=150g), 다시마(10×5cm)
양념: 된장(1큰술), 고추장(2큰술), 다진 마늘($\frac{1}{2}$큰술), 다진 생강($\frac{1}{2}$큰술), 고춧가루(1큰술), 국간장(2작은술), 소금(약간), 후춧가루(약간)

아귀탕
4인분
필수 재료: 아귀(1마리), 미더덕(1컵), 청양고추(1개), 홍고추(1개), 대파(1대), 콩나물(2줌=120g), 미나리(60g)
육수 재료: 물(4컵), 무($\frac{3}{5}$토막=100g), 국물용 멸치(10마리), 다시마(10×5cm)
양념: 고추장(1큰술), 된장(1작은술), 멸치액젓(2작은술), 다진 생강($\frac{1}{2}$작은술), 맛술(1$\frac{1}{2}$큰술), 고춧가루(2큰술), 다진 마늘($\frac{1}{2}$큰술), 소금(약간), 후춧가루(약간)

알탕
2인분
필수 재료: 명태알(150g), 곤이(100g), 무($\frac{3}{5}$토막=100g), 두부($\frac{1}{2}$모=100g), 애호박($\frac{1}{3}$개), 대파(1대), 콩나물(1줌=60g)
선택 재료: 풋고추(1개), 홍고추(1개), 쑥갓(3줄기)
양념: 청주(1 $\frac{1}{2}$큰술), 소금($\frac{1}{2}$큰술), 고추장(1큰술), 다진 생강($\frac{1}{2}$작은술), 고춧가루(1큰술), 국간장(2작은술), 다진 마늘($\frac{1}{2}$큰술), 후춧가루(약간), 소금(약간)

홍합탕
2인분
필수 재료: 홍합(800g), 양파($\frac{1}{4}$개), 대파(1대), 청양고추(2개), 마늘(2쪽)
양념: 소금(1작은술), 생강즙(1작은술)

번데기탕
2인분
필수 재료: 통조림 번데기(1캔=130g), 양파($\frac{1}{4}$개), 대파(1대), 마늘(1쪽), 베트남 말린 고추(3개)
양념: 후춧가루(약간)

모시조개새우완자탕
2인분
필수 재료: 생새우살(200g), 당근($\frac{1}{8}$개), 표고버섯(1개), 마늘(1쪽), 부추($\frac{1}{4}$줌), 모시조개(150g)
새우살 양념: 녹말가루(3큰술), 생강즙(1작은술), 소금($\frac{1}{2}$작은술), 후춧가루(약간)
양념: 참치액(2작은술), 후춧가루(약간)

낙지연포탕
2인분
필수 재료: 낙지(3마리=500g), 배추(2장), 마늘(2쪽), 대파(1대)
선택 재료: 표고버섯(2개), 애호박($\frac{1}{4}$개), 미나리(60g), 청양고추(2개), 홍고추(1개)
육수 재료: 물(4 $\frac{1}{2}$컵), 무(1토막=150g), 국물용 멸치(10마리), 다시마(10×5cm)
양념: 국간장(2작은술), 소금(1작은술), 후춧가루(약간)

추어탕
2인분
필수 재료: 미꾸라지(300g), 삶은 시래기(150g), 대파(1대)
선택 재료: 부추(30g), 청양고추(3개), 들깻가루(6큰술), 산초가루(약간), 다진 마늘(적당량)
함께 삶는 재료: 물(4컵), 청주($\frac{1}{2}$컵), 된장(1큰술), 다진 생강($\frac{1}{2}$작은술), 후춧가루(약간)
함께 가는 재료: 양파($\frac{1}{4}$개), 생강(1쪽), 마늘(4쪽)
양념: 고춧가루(2큰술), 된장(1 $\frac{1}{2}$큰술), 고추장(1큰술), 다진 마늘(2큰술), 다진 생강($\frac{1}{2}$작은술)

더덕들깨탕
2인분
필수 재료: 더덕(150g), 표고버섯(2개), 무($\frac{3}{8}$토막=100g), 대파(2대), 다시마(10×5cm)
양념: 들기름(1큰술), 거피 들깻가루($\frac{1}{2}$컵), 국간장(2작은술), 소금($\frac{1}{2}$작은술), 후춧가루(약간)

갈비탕
2인분
필수 재료: 소갈비(600g)
선택 재료: 대파(1대), 달걀(1개)
양념: 소금(적당량), 후춧가루(약간)

삼계탕
2인분
필수 재료: 찹쌀($\frac{1}{2}$컵), 영계(1마리=450g), 수삼(1뿌리), 통마늘(5쪽)
선택 재료: 대파(1대), 대추(3개), 밤(2개), 황기(1대), 생강(1쪽)
양념: 소금(적당량), 후춧가루(약간)

중식달걀탕
2인분
필수 재료: 표고버섯(2개), 대파(15cm), 생강(1쪽), 달걀(2개)
육수 재료: 물(4컵), 국물용 멸치(10마리), 다시마(10×5cm)
양념: 소금(1작은술), 참기름(1작은술), 후춧가루(약간)
녹말물: 물(2큰술)+녹말가루(1큰술)

돼지등뼈감자탕
2인분
필수 재료: 돼지등뼈(1kg), 감자(4개), 대파(2대), 얼갈이배추 시래기(200g)
선택 재료: 들깻가루(4큰술)
양념장: 된장(3 $\frac{1}{3}$큰술), 고춧가루(4큰술), 다진 마늘(2큰술), 다진 생강($\frac{1}{2}$작은술), 후춧가루(약간)
양념: 소금(약간)

쇠고기완자탕
2인분
필수 재료: 쇠고기 양지머리(100g), 다진 쇠고기(100g), 두부($\frac{1}{2}$모=75g), 대파(1대), 표고버섯(2개), 밀가루(2큰술), 달걀(1개)
완자양념: 소금($\frac{1}{2}$작은술), 다진 파($\frac{1}{2}$큰술), 다진 마늘(1작은술), 참기름($\frac{1}{2}$작은술), 깨소금($\frac{1}{2}$작은술), 후춧가루(약간)
양념: 국간장($\frac{1}{2}$작은술), 소금(1작은술), 후춧가루(약간)

애탕
2인분
필수 재료: 쇠고기 양지머리(100g), 쑥(2줌), 다진 쇠고기(100g), 달걀(1개), 대파(1대), 표고버섯(2개), 밀가루(2큰술)
완자 양념: 소금($\frac{1}{2}$작은술), 다진 파($\frac{1}{2}$큰술), 다진 마늘(1작은술), 참기름($\frac{1}{2}$작은술), 깨소금($\frac{1}{2}$작은술), 후춧가루(약간)
양념: 국간장($\frac{1}{2}$작은술), 소금(1작은술), 후춧가루(약간)

초계탕
2인분
필수 재료: 닭($\frac{1}{2}$마리), 오이($\frac{1}{2}$개), 배($\frac{1}{4}$개), 노란 파프리카($\frac{1}{2}$개), 주황 파프리카($\frac{1}{2}$개)
닭 삶는 재료: 마늘(3쪽), 생강(1쪽), 통후추($\frac{1}{2}$작은술), 대파잎(1대)
닭고기 양념: 소금($\frac{1}{2}$작은술), 참기름(1작은술), 후춧가루(약간)
육수양념: 설탕(3큰술), 식초(4큰술), 국간장(2작은술), 연겨자(1작은술), 다진 마늘(1작은술), 소금(1작은술)

임자수탕
2인분
필수 재료: 닭($\frac{1}{2}$마리), 잣($\frac{1}{2}$컵), 볶은 참깨($\frac{1}{2}$컵), 불린 표고버섯(2개), 홍고추(1개), 청오이(5cm)
선택 재료: 달걀(2개), 두부($\frac{1}{4}$모), 다진 쇠고기(100g)
닭 삶는 재료: 마늘(3쪽), 생강(1쪽), 통후추($\frac{1}{2}$작은술), 대파잎(1대)
닭고기 양념: 소금($\frac{1}{2}$작은술), 참기름(1작은술), 후춧가루(약간)
완자 양념: 소금($\frac{1}{2}$작은술), 다진 파($\frac{1}{2}$큰술), 다진 마늘(1작은술), 참기름($\frac{1}{2}$작은술), 깨소금($\frac{1}{2}$작은술)
양념: 소금(약간), 후춧가루(약간)

육개장
2인분
필수 재료: 쇠고기 치마양지(300g), 대파(3대)
선택 재료: 고사리(100g), 느타리버섯(100g), 숙주(100g)
고추기름: 고운고춧가루(2큰술), 육수($\frac{1}{4}$컵), 식용유(2큰술)
양념장: 고춧가루(2큰술)+참기름(1큰술)+청주(1 $\frac{1}{2}$큰술)+국간장(2 $\frac{2}{3}$큰술)+다진 마늘(1큰술)+후춧가루($\frac{1}{2}$작은술)+고추장(1큰술)
양념: 후춧가루(약간)

파개장
2인분
필수 재료: 쇠고기 치마양지(300g), 대파(4대)
고추기름: 고운 고춧가루(2큰술), 육수($\frac{1}{4}$컵), 식용유(2큰술)
양념장: 고춧가루(2큰술)+참기름(1큰술)+청주(1 $\frac{1}{2}$큰술)+국간장(2 $\frac{2}{3}$큰술)+다진 마늘(1큰술)+후춧가루($\frac{1}{2}$작은술)+고추장(1큰술)+밀가루(1큰술)

닭개장
2인분
필수 재료: 닭가슴살(2쪽), 무($\frac{3}{8}$토막=100g), 다시마(10×5cm), 대파(2대)
선택 재료: 불린 토란대(100g), 고사리(100g), 숙주(100g)
고추기름: 고운 고춧가루(2큰술), 육수($\frac{1}{4}$컵), 식용유(2큰술)
양념장: 춧가루(2큰술)+참기름(1큰술)+청주(1$\frac{1}{2}$큰술)+국간장(2 $\frac{2}{3}$큰술)+다진 마늘(1큰술)+후춧가루($\frac{1}{2}$작은술)+고추장(1큰술)

어묵전골
2인분
필수 재료: 달걀(2개), 무(2토막=300g), 쑥갓(3줄기), 대파(1대), 곤약($\frac{1}{2}$모= 100g), 모둠어묵(300g)
육수 재료: 물(5컵), 국물용 멸치(10마리), 다시마(10×5cm)
양념: 참치액(1 $\frac{1}{2}$큰술), 청주(1 $\frac{1}{2}$큰술)
소스: 간장(2큰술)+연겨자($\frac{1}{2}$큰술)

두부전골
2인분
필수 재료: 두부(1모=300g), 호박($\frac{1}{2}$개), 양파($\frac{1}{2}$개), 쑥갓(5줄기), 대파(15cm)
선택 재료: 애느타리버섯(1줌=50g), 표고버섯(2개)
육수 재료: 물(5컵), 국물용 멸치(10마리), 다시마(10×5cm)
양념: 고춧가루(3큰술), 국간장(2작은술), 새우젓(1큰술), 참치액(2작은술), 육수(1 $\frac{1}{2}$큰술), 다진 마늘($\frac{1}{2}$큰술)

만두전골
2인분
필수 재료: 두부($\frac{1}{2}$모=150g), 양파($\frac{1}{2}$개), 대파(15cm), 애느타리버섯(1줌=50g), 표고버섯(2개), 쑥갓(5줄기), 만두(8개)
육수 재료: 물(5컵), 국물용 멸치(10마리), 다시마(10×5cm)
양념장: 고춧가루($2\frac{1}{2}$큰술)+국간장(2작은술)+멸치액젓(1작은술)+육수(2큰술)+ 소금($\frac{1}{2}$작은술)+다진 마늘(1큰술)+후춧가루(약간)

굴전골
2인분
필수 재료: 배추(2장), 표고버섯(2개), 애느타리버섯(1$\frac{1}{2}$줌= 75g), 미나리(60g), 쪽파(5대), 홍고추(1개), 생굴(2컵)
육수 재료: 물(4컵), 무(1토막=150g), 다시마(10×5cm)
양념: 새우젓(1작은술), 소금(1작은술), 다진 마늘($\frac{1}{2}$큰술), 후춧가루(약간)

버섯들깨전골
2인분
필수 재료: 표고버섯(2개), 새송이버섯(1개), 느타리버섯(1줌=50g), 팽이버섯($\frac{1}{2}$줌), 대파(2대)
육수 재료: 물(4컵), 무(1토막=150g), 다시마(10×5cm)
양념: 소금(1작은술), 국간장($\frac{5}{8}$작은술), 다진 마늘(1큰술), 거피 들깻가루(6큰술), 후춧가루(약간)

낙지전골
2인분
필수 재료: 낙지(3마리=500g), 애호박($\frac{1}{2}$개), 대파(1대), 양파($\frac{1}{2}$개)
선택 재료: 애느타리버섯(2줌=100g), 당근($\frac{1}{3}$개), 미나리(60g)
육수 재료: 물($4\frac{1}{2}$컵), 무(1토막=150g), 다시마(10×5cm)
양념장: 설탕($\frac{1}{2}$큰술)+청주(1큰술)+간장(1큰술)+고춧가루(1큰술)+고추장(3큰술)+다진 파(1큰술)+다진 마늘($\frac{1}{2}$큰술)+참기름(1작은술)+후춧가루(약간)

쇠고기버섯말이전골
2인분
필수 재료: 쇠고기 채끝살(200g), 배추(5장), 표고버섯(3개), 팽이버섯(1봉), 쑥갓(5줄기)
육수 재료: 물(5컵), 무(1토막=150g), 다시마(10×5cm)
양념: 참치액(1큰술), 다진 마늘($\frac{1}{2}$큰술), 소금(적당량), 후춧가루(약간)

김치보쌈전골
2인분
필수 재료: 애호박($\frac{1}{4}$개), 양파($\frac{1}{2}$개), 미나리(100g), 두부(1모=300g), 익은 배추김치(500g), 다진 쇠고기(150g)
육수 재료: 물(4컵), 무($\frac{3}{8}$토막=100g), 다시마(10×5cm)
고기 양념: 소금($\frac{1}{2}$작은술), 후춧가루(약간), 다진 파(1큰술), 다진 마늘($\frac{1}{2}$큰술), 깨소금($\frac{1}{2}$작은술), 참기름(1작은술)
양념장: 설탕($\frac{1}{2}$작은술)+고춧가루(3큰술)+맛술($1\frac{1}{2}$큰술)+국간장(1큰술)+고추장 (1큰술)+후춧가루(약간)

불낙전골
2인분
필수 재료: 낙지(2마리=300g), 쇠고기 불고기용(300g), 대파(1대), 양파($\frac{1}{2}$개)
선택 재료: 표고버섯(3개), 새송이버섯(2개), 애느타리버섯(2줌=100g), 미나리(60g)
육수 재료: 물($4\frac{1}{2}$컵), 무(1토막=150g), 국물용 멸치(10마리), 다시마(10×5cm)
낙지양념장: 청주(1큰술)+간장(1큰술)+고춧가루(1큰술)+고추장(3큰술)+ 다진 파(1큰술)+다진 마늘($\frac{1}{2}$큰술)+참기름(1작은술)+후춧가루(약간)
불고기양념장: 설탕(1큰술)+청주(1큰술)+간장(3큰술)+다진 파(1큰술)+ 다진 마늘($\frac{1}{2}$큰술)+참기름(1작은술)+후춧가루(약간)

삼겹살 김치전골
2인분
필수 재료: 두부($\frac{1}{2}$모=150g), 당면(50g), 양파($\frac{1}{2}$개), 대파(1대), 익은 배추김치 (300g), 삼겹살(200g)
양념장: 물(3컵)+설탕(1작은술.)+소금($\frac{1}{2}$작은술)+고춧가루(1큰술)+국간장(1큰술)+김칫국물($\frac{1}{4}$컵)+고추장(2큰술)+다진 마늘(1큰술)+후춧가루(약간)

불고기우엉전골
2인분
필수 재료: 쇠고기불고기용(300g), 다시마(10×5cm), 우엉(1대), 대파(1대)
선택 재료: 당면(20g), 양파($\frac{1}{2}$개)
불고기양념장: 설탕(1큰술), 간장($2\frac{1}{2}$큰술), 다진 마늘($\frac{1}{2}$큰술), 참기름($\frac{1}{2}$작은술), 후춧가루(약간)

양념: 참치액(1큰술), 국간장(2작은술), 다진 마늘(1작은술), 소금(약간), 후춧가루(약간)

샤브샤브
2인분
필수 재료: 배추(2장), 쑥갓(5줄기), 표고버섯(3개), 쇠고기 샤브샤브용(300g)
선택 재료: 애느타리버섯(1줌=50g), 팽이버섯(1봉), 곤약묵(150g)
육수 재료: 물(5컵), 국물용 멸치(10마리), 다시마(10×5cm)
육수양념: 참치액($1\frac{1}{3}$큰술), 맛술(2큰술), 소금(1작은술), 후춧가루(약간)
참깨소스: 설탕($\frac{1}{2}$큰술.)+곱게 간 참깨가루(2큰술)+땅콩버터(1큰술)+식초(1작은술)+맛술(1큰술)+간장(1큰술)+물(2큰술)
폰즈소스: 간장(2큰술)+식초(2큰술)+청주(2큰술)+레몬슬라이스(1쪽)

불고기뚝배기
2인분
필수 재료: 쇠고기불고기용(300g), 다시마(10×5cm), 당면(20g), 양파($\frac{1}{2}$개), 대파(1대)
선택 재료: 배추(2장), 표고버섯(2개), 팽이버섯(50g)
불고기양념: 설탕(1큰술), 간장($2\frac{1}{2}$큰술), 다진 마늘($\frac{1}{2}$큰술), 참기름($\frac{1}{2}$작은술), 후춧가루(약간)
양념: 국간장(2작은술), 참치액(1큰술), 소금(약간)

해물뚝배기
2인분
필수 재료: 무($\frac{3}{8}$토막=100g), 애호박($\frac{1}{4}$개), 애느타리버섯($\frac{1}{2}$줌=50g), 대파 (15cm), 홍합(10개), 새우(3마리), 전복(1개), 오만둥이($\frac{1}{2}$컵)
양념: 된장(2큰술), 다진 마늘($\frac{1}{2}$큰술), 다진 생강($\frac{1}{2}$작은술)